Sarah Abbondio

Mini-Amigurumis

süße Vögelchen

Sarah Abbondio ist eine dänisch-schweizerische Designerin, die sich schon früh kreativ ausleben wollte. Nach einer Ausbildung als Design-Ingenieurin arbeitete sie freiberuflich als Designerin und Produktentwicklerin für mehrere dänische Firmen. Das Häkeln entdeckte sie durch die Geburt ihrer Tochter. Weil sie ihr ein selbstgemachtes Spielzeug schenken wollte, brachte sie sich selbst das Häkeln bei – und blieb dabei.

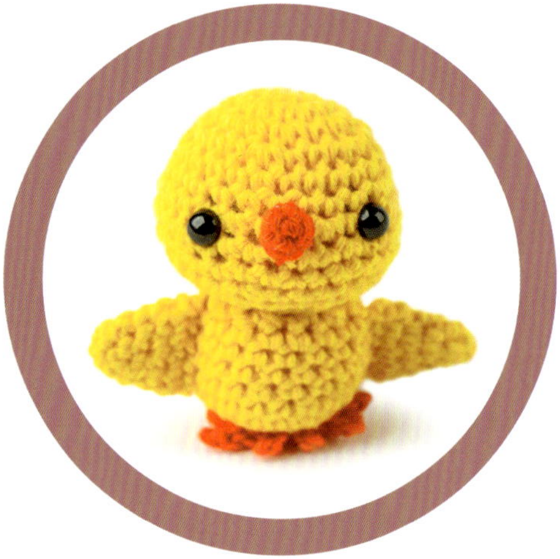

Vielen Dank an meine Testhäklerinnen:

Mette Glavind

Karen-Birgit Kamsgaard

Lotte Mathiasen

Dorthe Beith Hansen

Sarah Abbondio

Mini AMIGURUMIS süße Vögelchen

25 niedliche Freunde häkeln

EMF

EIN BUCH DER
EDITION MICHAEL FISCHER

Inhalt

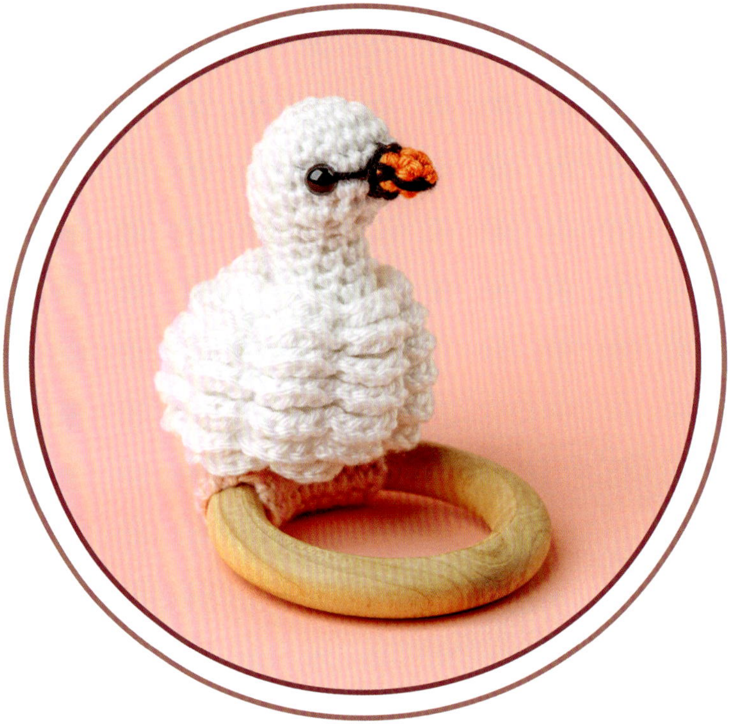

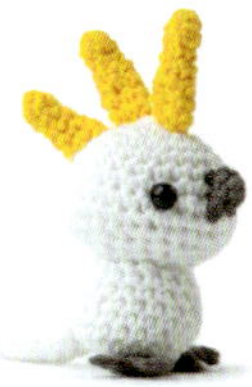

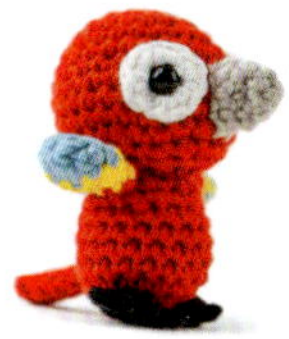

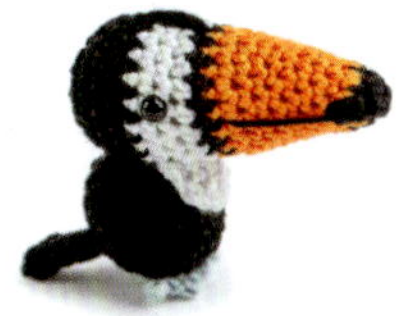

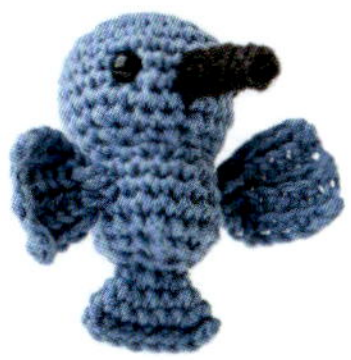

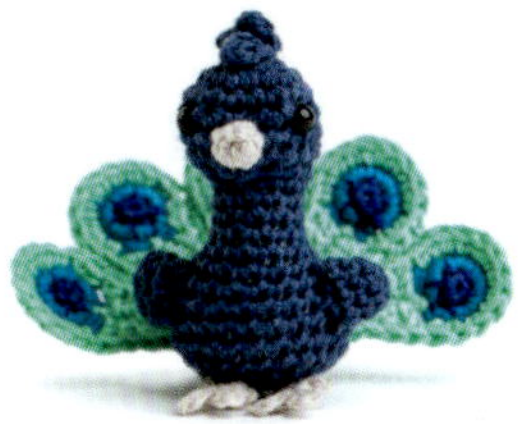

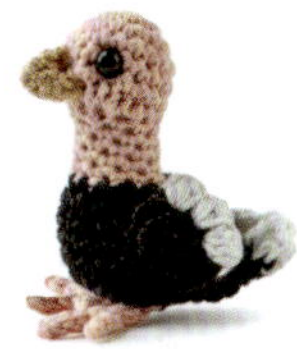

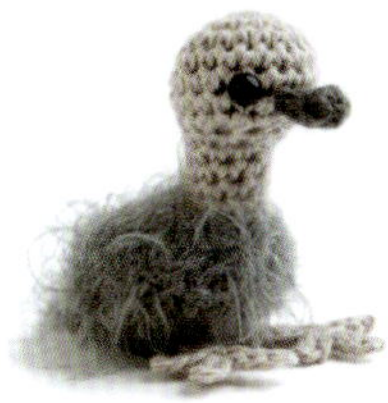

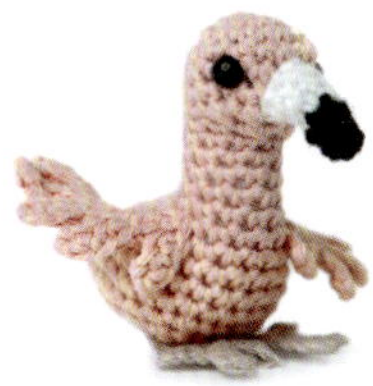

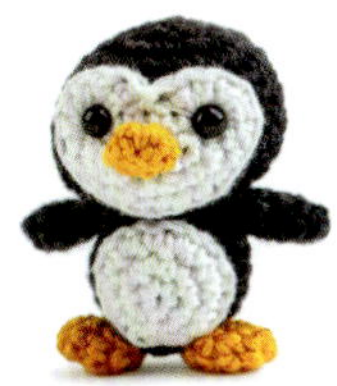

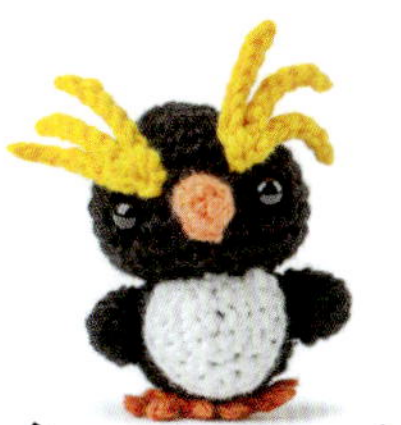

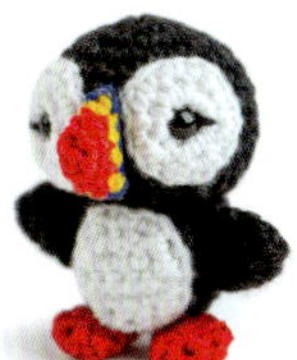

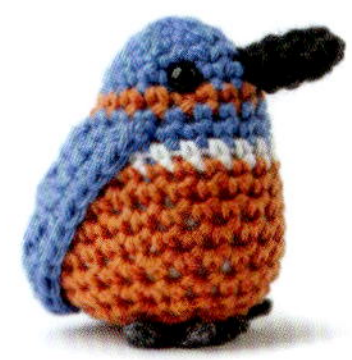

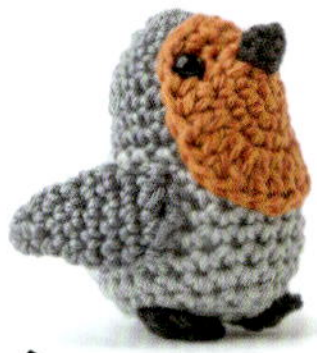

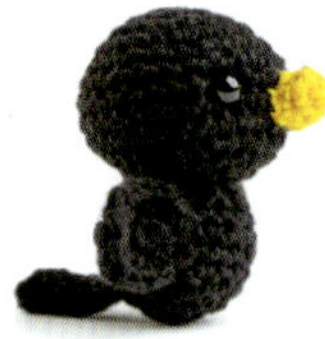

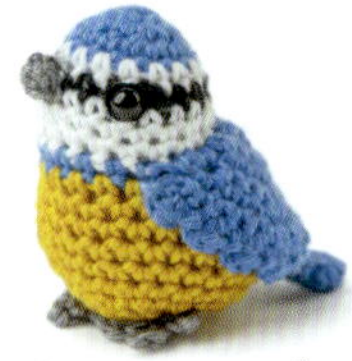

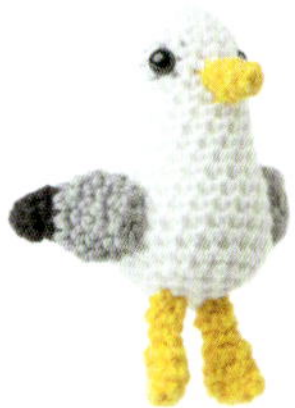

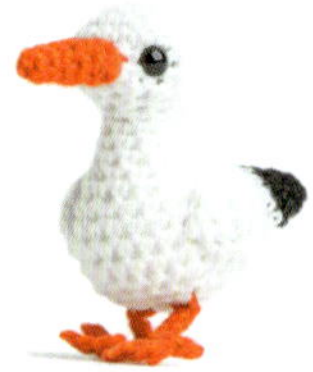

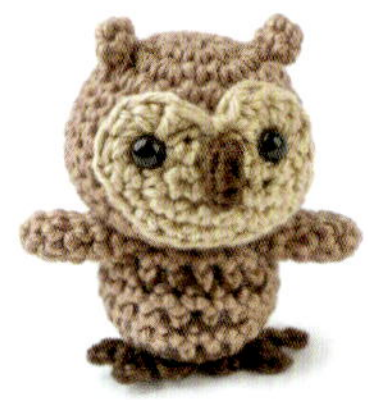

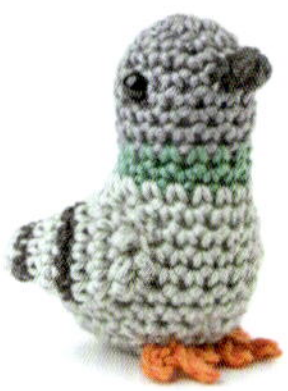

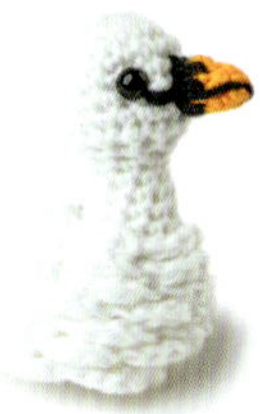

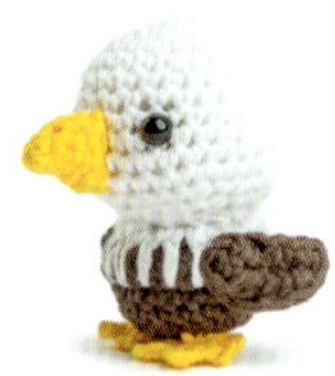

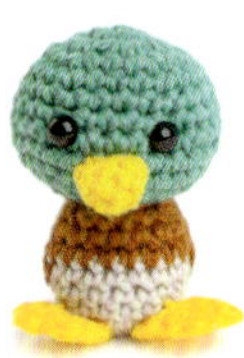

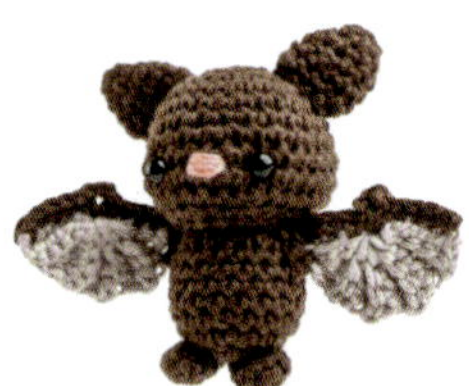

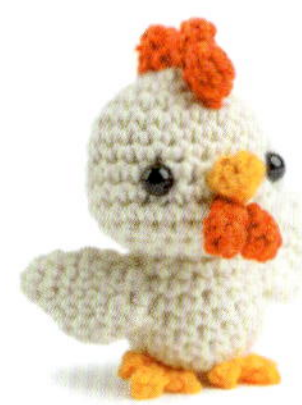

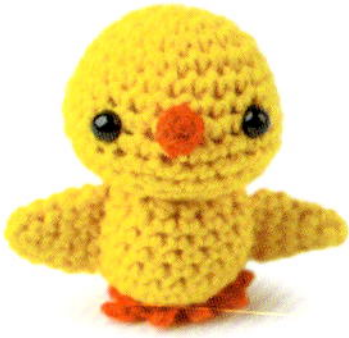

KÜKEN
46

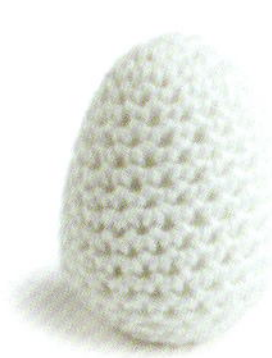

EI
47

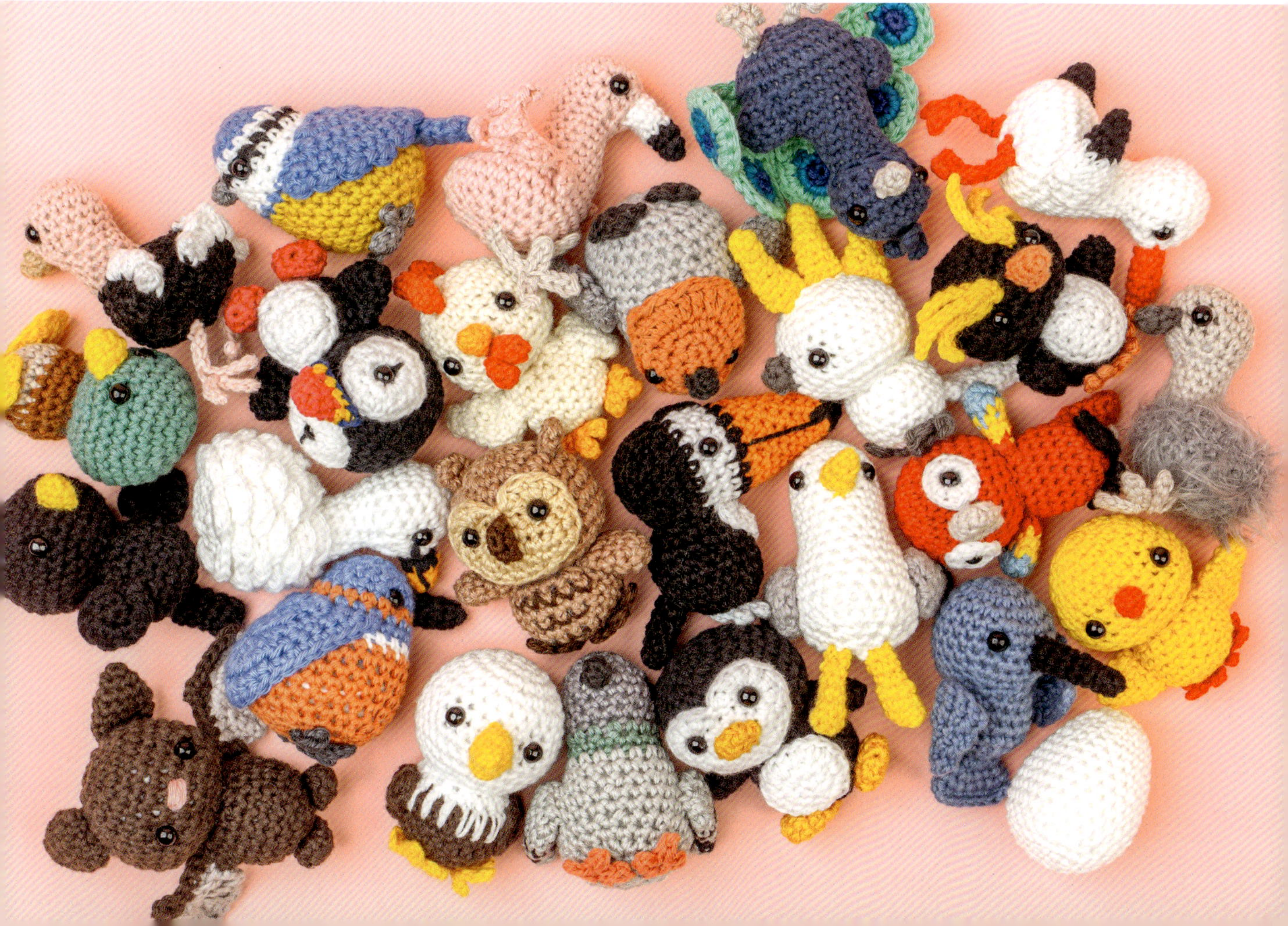

MATERIAL UND WERKZEUG

GARN
Die meisten Tiere werden mit dünnem Baumwollgarn (Sockenwolle) mit einer Lauflänge von 160–170 m je 50 g und einer Häkelnadel in Stärke 2,5 mm gehäkelt. Für die etwas größeren Version des Flamingos wird dieses Garn doppelt genommen oder etwas dickeres Baumwollgarn und eine Häkelnadel in Stärke 4,0 mm verwendet. Da für die Tiere nur wenig Garn benötigt wird, sind sie perfekt geeignet für die Garnresteverwertung aus anderen Projekten.

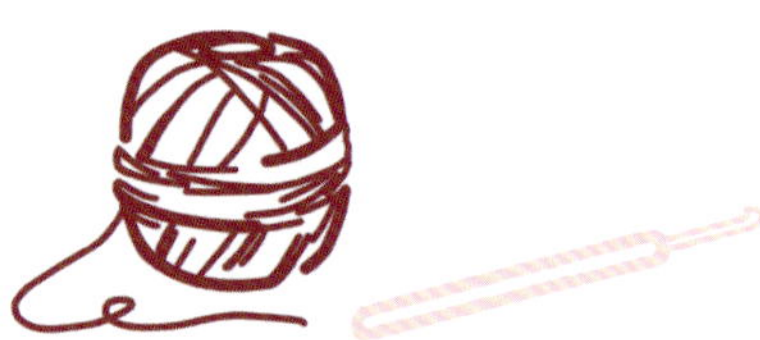

HÄKELNADEL
Nimm eine für das jeweilige Garn empfohlene Häkelnadel, aber bedenke, dass die Figur größer wird, wenn du mit dickerem Garn und einer größeren Nadel arbeitest. Sie wird umgekehrt kleiner, wenn das Garn dünner und die Nadel kleiner ist als angegeben. Ich habe für die meisten Figuren in diesem Buch eine Häkelnadel in Stärke 2,5 mm benutzt.

MASCHENMARKIERER
Wenn du Spiralrunden häkelst, ist ein Maschenmarkierer hilfreich, damit du weißt, wo die Runde endet. Setze den Maschenmarkierer einfach eine Runde weiter nach oben, wenn du eine Runde beendet hast.

FÜLLMATERIAL
Die Figuren werden alle mit weicher Polyesterfüllung ausgestopft, die man in den meisten Bastel- und Handarbeitsläden bekommt.

NADELN
Nimm zum Zusammennähen der Einzelteile und zum Vernähen der Fadenenden eine Tapisserienadel mit stumpfer Spitze.

SICHERHEITSAUGEN
Für die Figuren in diesem Buch habe ich schwarze Sicherheitsaugen mit 5 mm Durchmesser verwendet. Wenn die Figuren als Rasseln oder Spielzeug für Kinder unter 3 Jahren gedacht sind, empfehle ich, die Augen mit schwarzem Stick- oder Nähgarn aufzusticken.

HINWEISE UND ABKÜRZUNGEN

BEGINN

Für alle Figuren in diesem Buch wird zuerst ein Fadenring oder eine Luftmaschenkette gehäkelt. Eine Arbeit wird mit einem Fadenring begonnen, wenn sie in Spiralrunden gehäkelt wird.
Für das Häkeln in Runden ist ein Maschenmarkierer sehr hilfreich, so kannst du den Anfang und das Ende jeder Runde gut erkennen.
Eine Luftmaschenkette wird für Teile verwendet, bei denen in Reihen hin- und hergehäkelt wird. Die Arbeit wird dann am Ende jeder Reihe gewendet. Für Teile, die in Runden gehäkelt werden, benötigst du nur in Ausnahmefällen eine Luftmaschenkette.
Wenn nicht anders angegeben, wird immer in beide Maschenschlingen einer Masche gehäkelt.

SYMBOLE IN DEN ANLEITUNGEN

Die Ziffern in Klammern zeigen an, wie viele Maschen eine Runde oder Reihe hat.
Sternchen ** bedeuten, dass die Anleitungsteile zwischen ihnen so oft wiederholt werden müssen, wie direkt dahinter angegeben.

FERTIGE GRÖSSE

Jedes Tier ist etwa 6 cm groß, wenn es mit dem angegebenen Garn gehäkelt wurde.

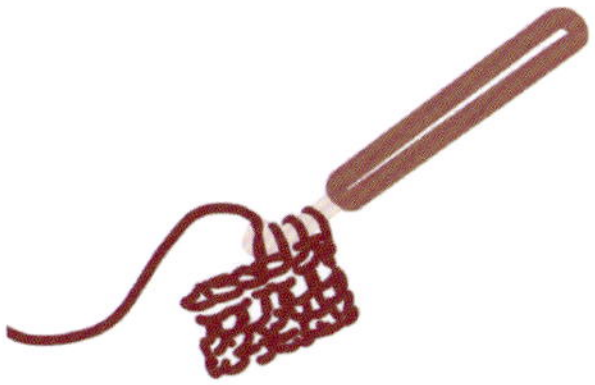

ABKÜRZUNGEN

1 M abn	eine Masche abnehmen
DStb	Doppelstäbchen
fM	feste Masche(n)
hStb	halbe(s) Stäbchen
ihM	ins hintere Maschenglied
ivM	ins vordere Maschenglied
Km	Kettmasche(n)
Lm	Luftmasche(n)
M	Masche(n)
Popcorn-M	Popcorn-Masche(n)
R	Reihe
Rd	Runde
Stb	Stäbchen

HÄKELTECHNIKEN

FADENRING

1. Das Fadenende festhalten und den Arbeitsfaden um zwei Finger wickeln, sodass ein Ring entsteht.
2. Die Häkelnadel in den Ring führen.
3. Den Faden auf die Nadel nehmen und durch den Ring ziehen. Jetzt liegt eine Schlinge auf der Nadel.
4. Eine Luftmasche häkeln, dafür das Garn auf die Nadel legen und durch die Schlinge ziehen.
5. Die Nadel in den Ring führen und das Garn aufnehmen. Jetzt liegen zwei Schlingen auf der Nadel.
6. Das Garn erneut auf die Nadel legen und durch beide Schlingen auf der Nadel ziehen. Jetzt wurde eine feste Masche gehäkelt. Schritt 5 und 6 wiederholen, bis die gewünschte Maschenanzahl gehäkelt wurde.
7. Das lose Fadenende zu einem Ring festziehen, sodass sich das Loch in der Mitte schließt (siehe Abbildungen).

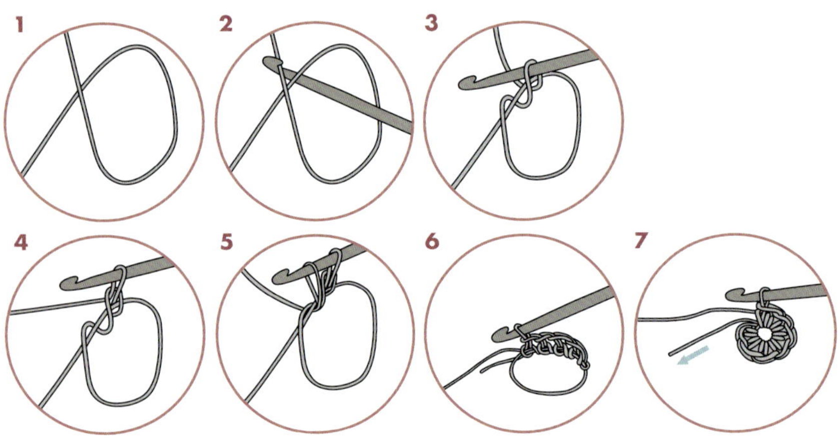

LUFTMASCHE HÄKELN (Lm)

1. Eine Schlinge in das Garn knoten und die Häkelnadel durchführen.
2. Den Faden auf die Nadel legen und durch die Anfangsschlinge ziehen. Das ist die erste Luftmasche.
3. Fahre fort, den Faden auf die Nadel zu legen und durch die Schlinge zu ziehen, bis du die in der Anleitung angegebene Luftmaschenanzahl gehäkelt hast.

KETTMASCHE (Km)

1. Mit der Nadel in die folgende Masche einstechen.
2. Den Faden auf die Nadel legen und durch die Masche und die Schlinge auf der Nadel ziehen. Die Kettmasche ist nun fertig.

FESTE MASCHE (fM)

1. Mit der Nadel in die nächste Masche einstechen.
2. Den Faden auf die Nadel legen und durch die Masche ziehen. Jetzt liegen zwei Schlingen auf der Nadel.
3. Den Faden erneut auf die Nadel legen und durch beide Schlingen auf der Nadel ziehen. Die feste Masche ist nun fertig.

STÄBCHEN (Stb)

1. Den Faden von hinten um die Nadel legen, die Nadel in die nächste Masche stechen, den Faden auf die Nadel legen und durch die Masche ziehen. Jetzt liegen drei Schlingen auf der Nadel.
2. Den Faden erneut auf die Nadel legen und durch die ersten beiden Schlingen auf der Nadel ziehen. Jetzt liegen zwei Schlingen auf der Nadel.
3. Den Faden erneut auf die Nadel legen und durch beide Schlingen auf der Nadel ziehen. Das Stäbchen ist nun fertig.

HALBES STÄBCHEN (hStb)

1. Den Faden von hinten um die Nadel legen, die Nadel in die nächste Masche stechen, den Faden auf die Nadel legen und durch die Masche ziehen. Jetzt liegen drei Schlingen auf der Nadel.
2. Den Faden erneut auf die Nadel legen und durch alle drei Schlingen auf der Nadel ziehen. Das halbe Stäbchen ist nun fertig.

POPCORN-MASCHE (POPCORN-M)

1 Popcorn-Masche = 4 unfertige Stäbchen in derselben Masche

1. Ein Stäbchen arbeiten, aber am Ende den Faden nicht durchziehen, sodass noch zwei Schlingen auf der Nadel liegen. Noch drei weitere unfertige Stäbchen häkeln, bis fünf Schlingen auf der Nadel liegen.
2. Den Faden auf die Nadel legen und durch alle Schlingen ziehen, mit einer Luftmasche enden.

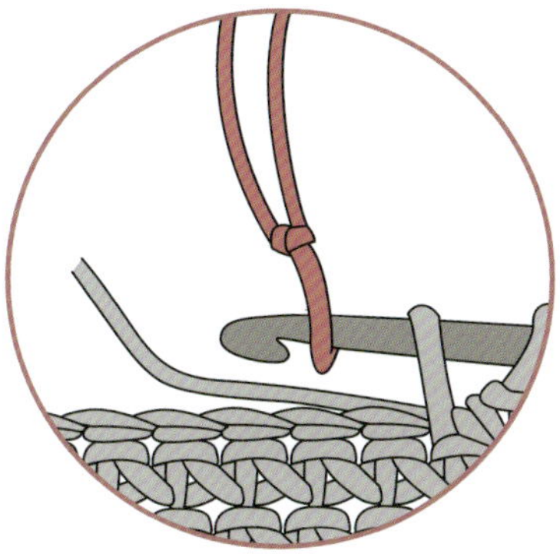

FARBWECHSEL

1. Mit der Nadel in die nächste Masche einstechen.
2. Den Faden auf die Nadel legen und durch die Schlinge ziehen. Jetzt liegen zwei Schlingen auf der Nadel.
3. Mit dem neuen Faden weiterarbeiten: Den Faden auf die Nadel legen und durch beide Schlingen auf der Nadel ziehen.
4. Mit der neuen Farbe fortfahren.

MASCHEN ABNEHMEN

Hierbei werden zwei feste Maschen zusammengehäkelt (1 M abn).

1. Mit der Nadel in die nächste Masche einstechen, den Faden auf die Nadel legen und durch die Masche ziehen.
2. Mit der Nadel in die nächste Masche einstechen, den Faden auf die Nadel legen und durch diese Masche ziehen. Jetzt liegen drei Schlingen auf der Nadel.
3. Den Faden auf die Nadel legen und den Faden durch alle drei Schlingen auf der Nadel ziehen. Jetzt wurden zwei feste Maschen zusammengehäkelt und eine Masche abgenommen.

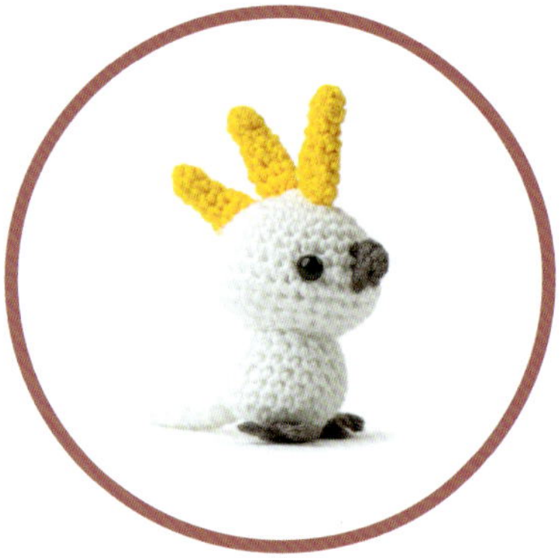

KAKADU

KÖRPER

1. Rd: mit weißem Garn 6 fM in einen Fadenring häkeln (6 M).
2. Rd: 2 fM in jede M (12 M).
3. Rd: *2 fM in die nächste M, 1 fM* 6x (18 M).
4.–8. Rd: 18 fM häkeln.
9. Rd: *1 M abn, 1 fM* 6x (12 M).
Den Körper mit Füllwatte ausstopfen.
Abketten und einen Faden zum Nähen lassen.

KOPF

1. Rd: mit weißem Garn 6 fM in einen Fadenring häkeln.
2. Rd: 2 fM in jede M (12 M).
3. Rd: *2 fM in die nächste M, 1 fM* 6x (18 M).
4. Rd: *2 fM in die nächste M, 2 fM* 6x (24 M).
5.–6. Rd: 24 fM häkeln.
7. Rd: *2 fM in die nächste M, 3 fM* 6x (30 M).
8.–9. Rd: 30 fM häkeln.
10. Rd: *1 M abn, 3 fM* 6x (24 M).
Die Augen zwischen der 7. und 8. Rd im Abstand von 6 M befestigen.
11. Rd: *1 M abn, 2 fM* 6x (18 M).
12. Rd: *1 M abn, 1 fM* 6x (12 M).
Den Kopf mit Füllwatte ausstopfen.
13. Rd: *1 M abn* 6x (6 M).
Abketten und Garnende vernähen.
Den Kopf am Körper festnähen.

SCHNABEL

1. Rd: mit dunkelgrauem Garn 4 fM in einen Fadenring häkeln.
2. Rd: 2 fM in die nächste M, 3 fM (5 M).
Abketten und einen Faden zum Nähen lassen.
Den Schnabel nicht ausstopfen, flach drücken und zwischen den Augen festnähen.

KAMMFEDERN (3x häkeln)

In jeder Rd an derselben Stelle eine Zunahme arbeiten.
1. Rd: mit gelbem Garn 3 fM in einen Fadenring häkeln.
2. Rd: 2 fM in die nächste M, 2 fM (4 M).
3. Rd: 4 fM häkeln.
4. Rd: 1 fM, 2 fM in die nächste M, 2 fM (5 M).
5. Rd: 5 fM häkeln.
6. Rd: 2 fM, 2 fM in die nächste M, 2 fM (6 M).
7.–8. Rd: 6 fM häkeln.
Abketten und einen Faden zum Nähen lassen.
Die Kammfedern nicht ausstopfen.
Eine nach der anderen oben am Kopf festnähen. Die Zunahmen zeigen dabei in Richtung Schnabel.

FUSS (2x häkeln)

Mit dunkelgrauem Garn 5 Lm anschlagen und in die 2. Lm ab der Nadel einstechen.
1. R: 2 Km in die Lm-Kette, 3 Lm, 2 Km in die neue Lm-Kette, 3 Lm, 2 Km in die neue Lm-Kette, 2 Km weiter unten in die 1. Lm-Kette.
Einen Faden zum Nähen lassen.
Die Füße an der Unterseite des Körpers festnähen.

SCHWANZ

1. Rd: mit weißem Garn 4 fM in einen Fadenring häkeln.
2. Rd: 2 fM in die nächste M, 3 fM (5 M).

3. Rd: 5 fM häkeln.
4. Rd: 2 fM in die nächste M, 4 fM (6 M).
5.–6. Rd: 6 fM häkeln.
7. Rd: 2 fM in die nächste M, 5 fM (7 M).
8.–9. Rd: 7 fM häkeln.
10. Rd: 2 fM in die nächste M, 6 fM (8 M).
Abketten und einen Faden zum Nähen lassen.
Den Schwanz nicht ausstopfen, flach drücken und an der Körperrückseite festnähen.

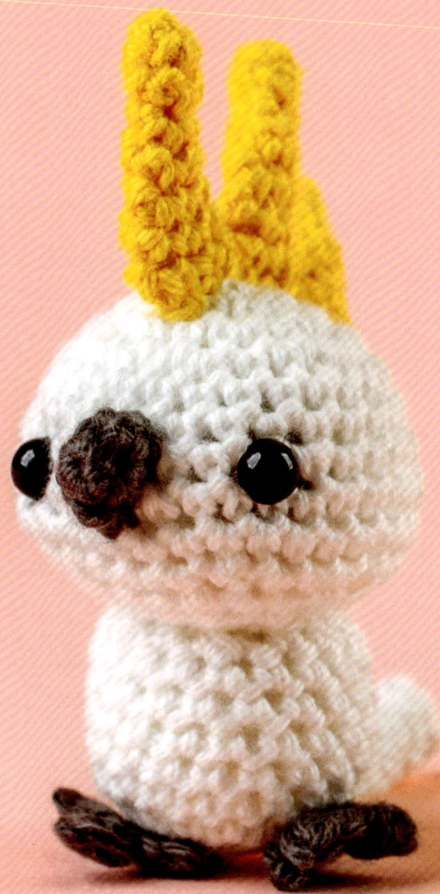

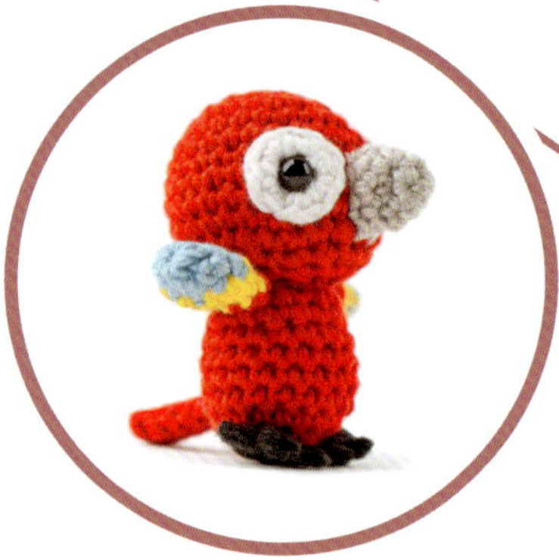

ARA

KÖRPER
Den Körper gemäß der Anleitung für den Kakadu häkeln (Seite 12), dabei rotes Garn verwenden.

AUGENBASIS (2x häkeln)
1. Rd: mit weißem Garn 5 fM in einen Fadenring häkeln.
2. Rd: 2 fM in jede M (10 M).
Abketten und einen Faden zum Nähen lassen.

KOPF
Den Kopf gemäß der Anleitung für den Kakadu häkeln (Seite 12), dabei rotes Garn verwenden.
Die Augen zuerst in die Mitte der Augenbasis und dann zwischen der 7. und 8. Rd am Kopf mit einem Abstand von 6 M einsetzen.
Die Augenbasis am Kopf festnähen und dann den Kopf am Körper befestigen.

SCHNABEL
1. Rd: mit beigem Garn 4 fM in einen Fadenring häkeln.
2. Rd: *2 fM in die nächste M, 1 fM* 2x (6 M).
3. Rd: *2 fM in die nächste M, 2 fM* 2x (8 M).
4. Rd: 8 fM häkeln.
Abketten und einen Faden zum Nähen lassen.
Den Schnabel nicht ausstopfen, flach drücken und zwischen den Augen festnähen.

FUSS (2x häkeln)
1. Rd: mit schwarzem Garn 5 fM in einen Fadenring häkeln, 1 Km in die 1. M arbeiten.
2. Rd: *2 Lm, 1 fM und 1 Km in dieselbe M* 3x (12 M).
Abketten und einen Faden zum Nähen lassen.
Die Füße an der Unterseite des Körpers festnähen.

FLÜGEL (2x häkeln)
1. Rd: mit hellblauem Garn 6 fM in einen Fadenring häkeln.
2. Rd: *2 fM in die nächste M, 2 fM* 2x (8 M).
3.–4. Rd: mit gelbem Garn 8 fM häkeln.
5. Rd: mit rotem Garn 8 fM häkeln.
Abketten und einen Faden zum Nähen lassen.
Die Flügel auf beiden Seiten am Körper festnähen.

SCHWANZ
Mit rotem Garn 4 Lm anschlagen und in die 2. Lm ab der Nadel einstechen.
1. Rd: 2 fM, 2 fM in die nächste M, auf der anderen Seite der Lm-Kette weiterarbeiten, 1 fM, 1 fM in die 1. M (6 M).
2.–5. Rd: 6 fM häkeln.
Abketten und einen Faden zum Nähen lassen.
Den Schwanz nicht ausstopfen, flach drücken und an der Körperrückseite festnähen.

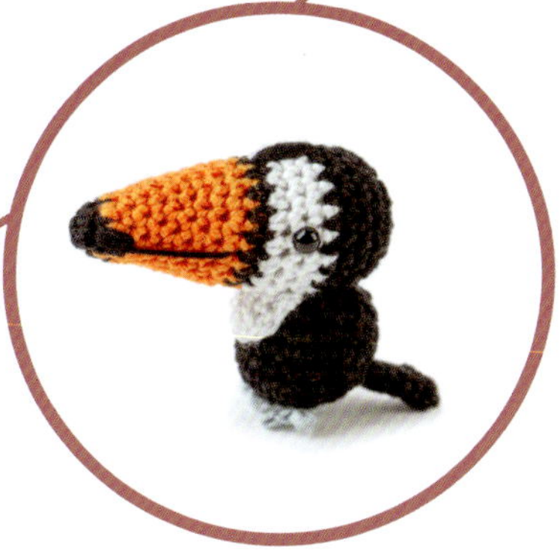

TUKAN

KÖRPER

Den Körper gemäß der Anleitung für den Kakadu häkeln (Seite 12), dabei schwarzes Garn verwenden.

KOPF

1. Rd: mit schwarzem Garn 4 fM in einen Fadenring häkeln.
2. Rd: 2 fM in jede M (8 M).
3. Rd: mit orangem Garn 8 fM häkeln.
4. Rd: *2 fM in die nächste M, 3 fM* 2x (10 M).
5. Rd: 10 fM häkeln.
6. Rd: *2 fM in die nächste M, 4 fM* 2x (12 M).
7.–8. Rd: 12 fM häkeln.
9. Rd: *2 fM in die nächste M, 5 fM* 2x (14 M).
10. Rd: 14 fM häkeln.
11. Rd: *2 fM in die nächste M, 6 fM* 2x (16 M).
12. Rd: mit schwarzem Garn 16 fM häkeln.
13. Rd: mit weißem Garn arbeiten, *2 fM in die nächste M, 7 fM* 2x (18 M).
14.–15. Rd: 18 fM häkeln.
16.–18. Rd: mit schwarzem Garn 18 fM häkeln.
19. Rd: *1 M abn, 1 fM* 6x (12 M).
Die Augen zwischen der 15. und 16. Rd im Abstand von 8 M befestigen.
Den Kopf mit Füllwatte ausstopfen.
20. Rd: *1 M abn* 6x (6 M).
Abketten. Mit schwarzem Garn zwischen den Augen von der 12.–16. Rd und auf beiden Seiten des Schnabels eine Linie aufsticken.
An der Schnabelspitze zwischen der 1. und 3. Rd zwei Flecken aufsticken.
Die Garnenden vernähen. Den Kopf am Körper befestigen.

BRUST

1. R: mit weißem Garn 3 fM in einen Fadenring häkeln, 1 Lm, wenden.
2. R: 2 fM in jede M, 1 Lm, wenden (6 M).
3. R: *2 fM in die nächste M, 1 fM* 3x (9 M).
Abketten und einen Faden zum Nähen lassen.
Die Brust vorne am Körper festnähen.
Der obere Rand liegt auf dem oberen Körperende.

FUSS (2x häkeln)

Mit hellblauem Garn 5 Lm anschlagen und in die 2. Lm ab der Nadel einstechen.
1. R: 2 Km in die Lm-Kette, 3 Lm, 2 Km in die neue Lm-Kette, 3 Lm, 2 Km in die neue Lm-Kette, 2 Km weiter unten in die 1. Lm-Kette.
Einen Faden zum Nähen lassen.
Die Füße an der Unterseite des Körpers festnähen.

SCHWANZ

Mit schwarzem Garn 4 Lm anschlagen und in die 2. Lm ab der Nadel einstechen.
1. Rd: 2 fM, 2 fM in die nächste M, auf der anderen Seite der Lm-Kette weiterarbeiten, 2 fM (6 M).
2.–5. Rd: 6 fM häkeln.
Einen Faden zum Nähen lassen.
Den Schwanz auf der 3. Rd am Körper festnähen.

Du kannst aus deinen Vögeln ein Mobile basteln. Mit einem Bambusring und einer Holzperle wird aus den fertigen Vögeln eine einfache und supersüße Kinderzimmerdeko.
Für die Kordel das Garn am Kopf eines Vogels befestigen, 9 Lm häkeln und dann ein Blatt arbeiten.
Blatt: 6 Lm für das 1. Blatt arbeiten.
In die 2. Lm ab der Nadel einstechen, 1 fM, 1 hStb, 2 Stb, 1 fM häkeln. 1 Km in dieselbe M häkeln.
Mit einem Kordelstück und Blättern weitermachen, bis du die gewünschte Länge erreicht hast.
Eine Kordel für jeden Vogel anfertigen und dann an einer Perle und einem Ring deiner Wahl festnähen.

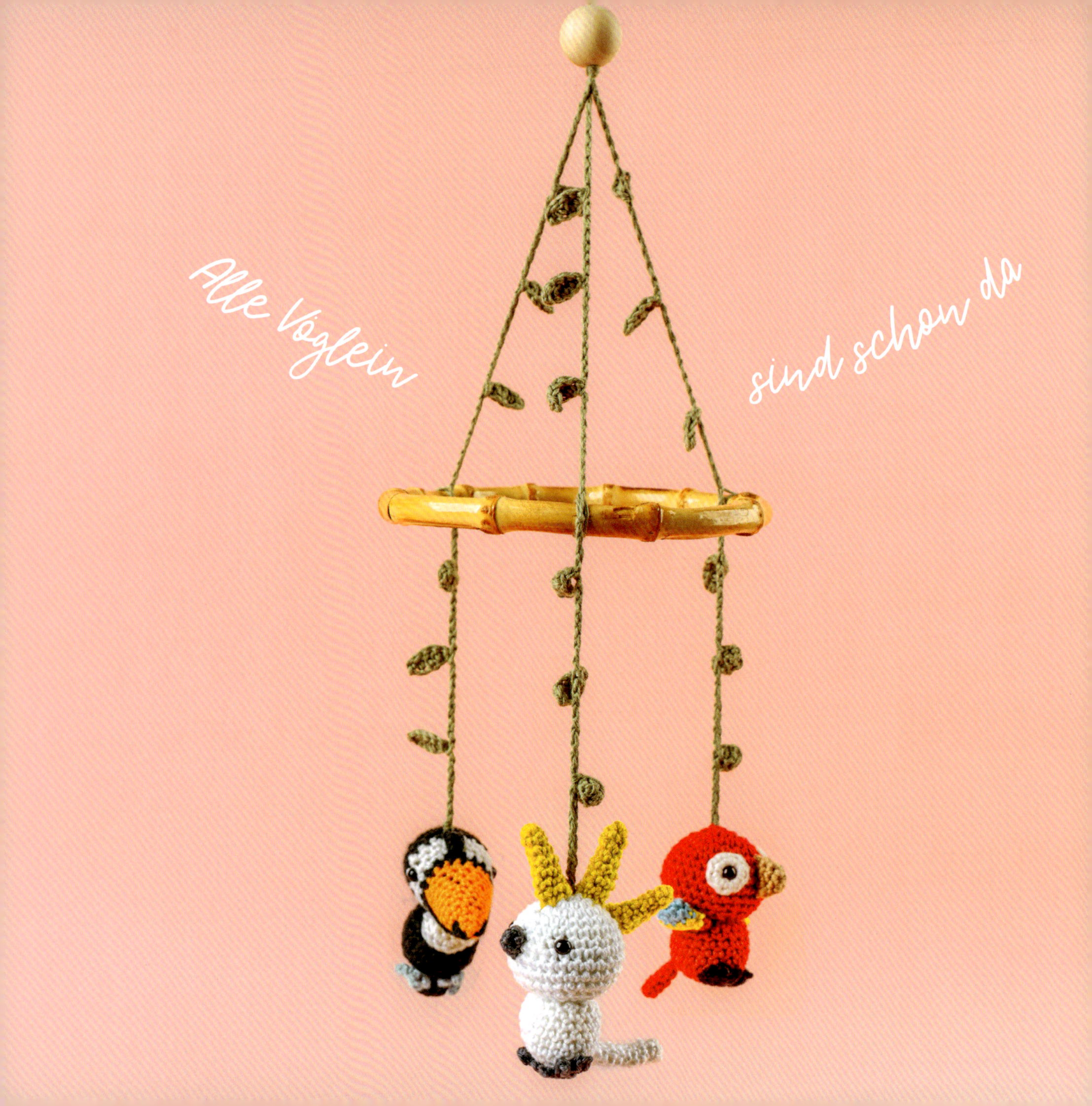
Alle Vöglein
sind schon da

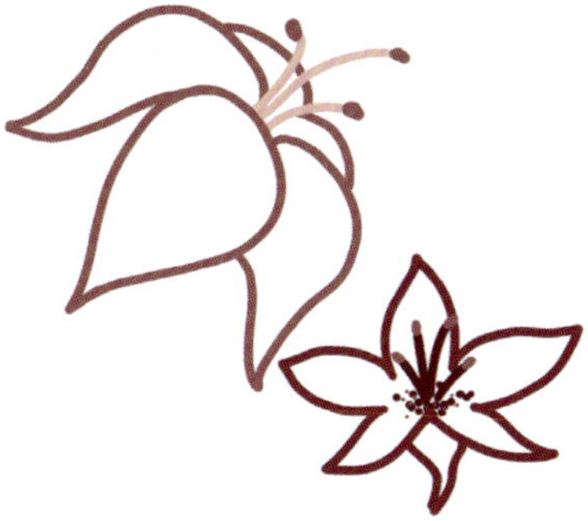

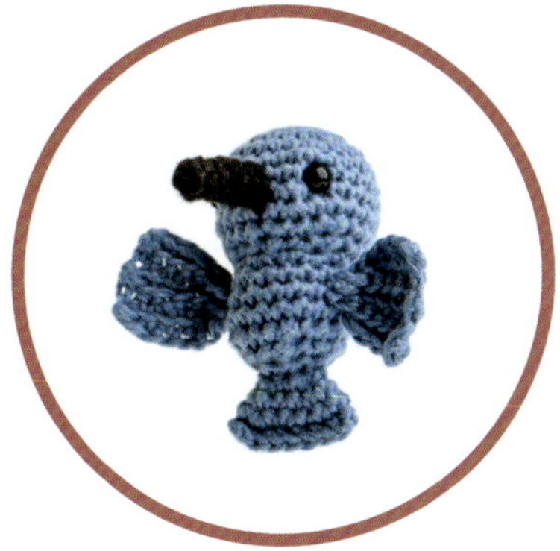

KOLIBRI

KOPF, KÖRPER UND SCHWANZ

Kopf, Körper und Schwanz von oben nach unten in einem Stück arbeiten.

1. Rd: mit blauem Garn 6 fM in einen Fadenring arbeiten.

2. Rd: 2 fM in jede M (12 M).

3. Rd: *2 fM in die nächste M, 1 fM* 6x (18 M).

4. Rd: *2 fM in die nächste M, 2 fM* 6x (24 M).

5.–8. Rd: 24 fM häkeln.

9. Rd: *1 M abn, 2 fM* 6x (18 M).

10. Rd: *1 M abn, 1 fM* 6x (12 M).

Die Augen zwischen der 6. und 7. Rd im Abstand von 6 M befestigen.

Mit Füllwatte ausstopfen.

11. Rd: *2 fM in die nächste M, 1 fM* 6x (18 M).

12.–13. Rd: 18 fM häkeln.

14. Rd: *1 M abn, 1 fM* 6x (12 M).

Mit Füllwatte ausstopfen.

15. Rd: *1 M abn, 1 fM* 4x (8 M).

16. Rd: *2 fM in die nächste M, 3 fM* 2x (10 M).

17. Rd: *2 fM in die nächste M, 4 fM* 2x (12 M).

18. Rd: *2 fM in die nächste M, 5 fM* 2x (14 M).

Den Schwanz flach drücken, 1 Lm häkeln und wenden.

Jetzt durch beide Lagen des Schwanzes häkeln.

1. R: 7 fM häkeln.

Abketten und einen Faden zum Nähen lassen.

Die Lücke zwischen Schwanz und Körper zusammennähen, damit keine Füllung in den Schwanz gelangen kann. Das Garnende vernähen.

SCHNABEL

1. Rd: mit schwarzem Garn 3 fM in einen Fadenring häkeln.

2. Rd: 2 fM in die nächste M, 2 fM (4 M).

3. Rd: 4 fM häkeln.

4. Rd: 2 fM in die nächste M, 3 fM (5 M).

5.–8. Rd: 5 fM häkeln.

Abketten und einen Faden zum Nähen lassen.

Den Schnabel nicht ausstopfen und zwischen den Augen festnähen.

FLÜGEL (2x häkeln)

Mit blauem Garn 7 Lm anschlagen und in die 2. Lm ab der Nadel einstechen.

1. R: 6 fM häkeln, 1 Lm, wenden (6 M).

2. R: 6 fM ivM häkeln, 1 Lm, wenden (6 M).

3. R: 6 fM ihM häkeln, 1 Lm, wenden (6 M).

4. R: 6 fM ivM häkeln, 1 Lm, wenden (6 M).

5. R: 6 fM ihM häkeln (6 M).

Abketten und einen Faden zum Nähen lassen. Ein Flügelende fächerförmig zusammennähen und dann seitlich am Körper annähen. Die Rippen zeigen nach vorne. Den zweiten Flügel ebenso häkeln.

MINI-
AMIGURUMIS

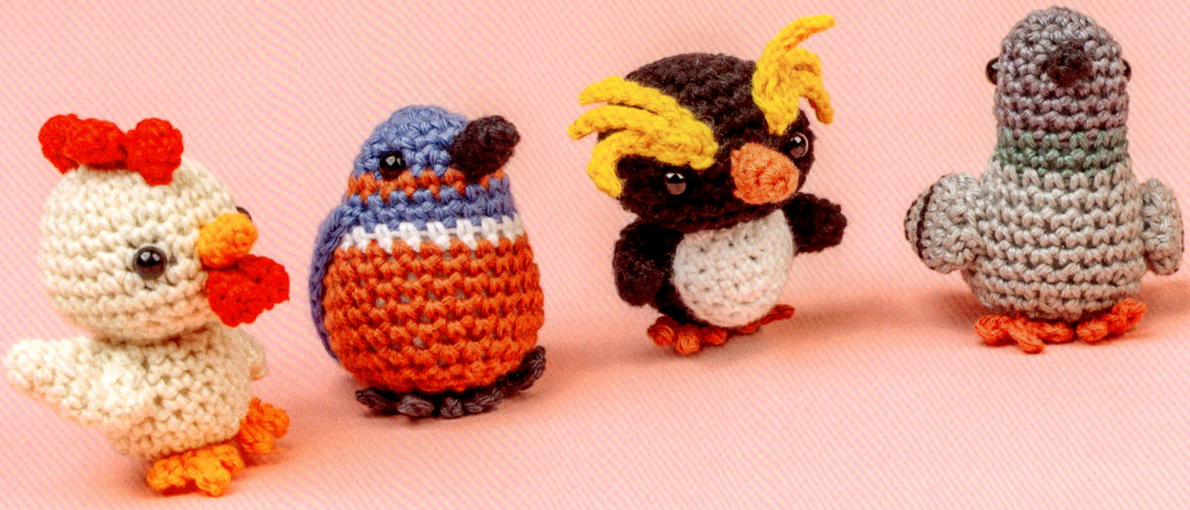

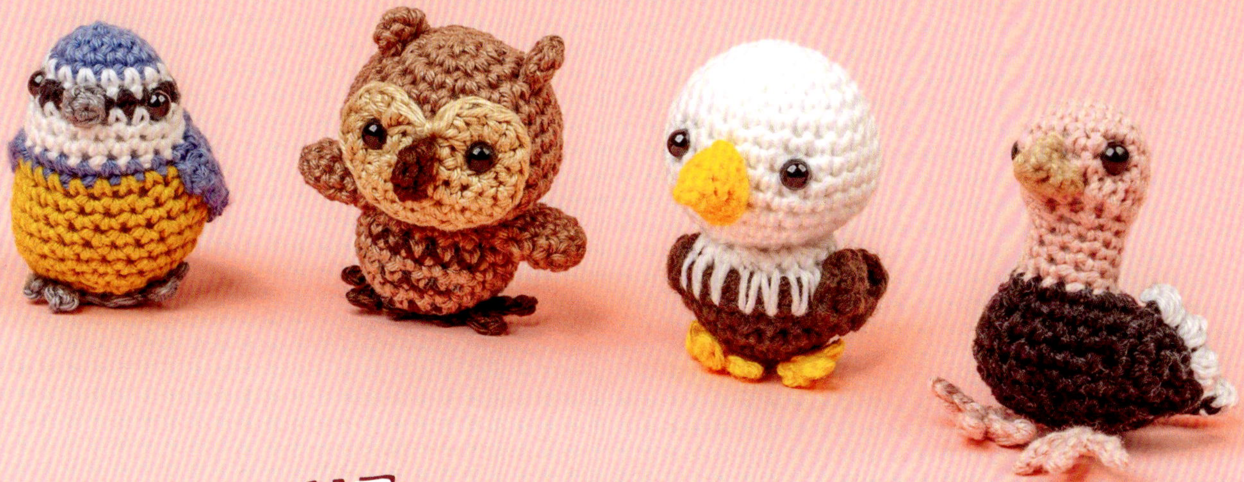

NIEDLICHE HÄKELTIERCHEN

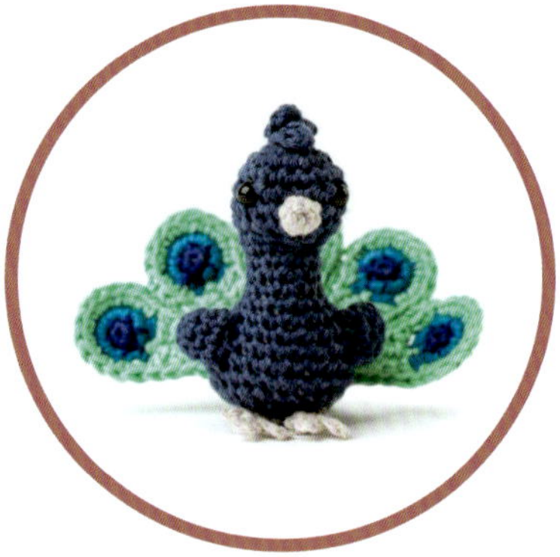

PFAU

KOPF UND KÖRPER

Kopf und Körper von oben nach unten in einem Stück arbeiten.

1. Rd: mit dunkelblauem Garn 6 fM in einen Fadenring arbeiten.
2. Rd: 2 fM in jede M (12 M).
3. Rd: *2 fM in die nächste M, 1 fM* 6x (18 M).
4.–6. Rd: 18 fM häkeln.
7. Rd: 3 fM, *1 M abn* 6x, 3 fM (12 M).
Die Augen zwischen der 5. und 6. Rd im Abstand von 5 M befestigen. Die Abnahmen befinden sich auf der Kopfvorderseite, die Augen sollten oberhalb der Abnahmen positioniert werden. Den Maschenmarkierer exakt in der Gesichtsmitte platzieren.
8. Rd: 4 fM, *1 M abn* 2x (eine Abnahme auf jeder Seite des Maschenmarkierers), 4 fM (10 M).
Den Kopf mit Füllwatte ausstopfen.
9. –11. Rd: 10 fM häkeln (10).
12. Rd: Einen Maschenmarkierer in der Mitte der Rückseite anbringen. Er markiert den Anfang der Runde. 2 fM in die nächste M, 8 fM, 2 fM in die nächste M (12 M).
13. Rd: *2 fM in die nächste M* 3x, 6 fM,* 2 fM in die nächste M* 3x (18 M).
14. Rd: *2 fM in die nächste M* 4x, 12 fM, *2 fM in die nächste M* 2x (24 M).
15. Rd: 24 fM häkeln.
16. Rd: *2 fM in die nächste M* 4x, 18 fM, *2 fM in die nächste M* 2x (30 M).
17. Rd: 30 fM häkeln.
18. Rd: *1 M abn, 3 fM* 6x (24 M).
19. Rd: *1 M abn, 2 fM* 6x (18 M).
Mit Füllwatte ausstopfen.
20. Rd: M abn, bis das Loch zu ist.

FEDERKAMM

Mit dunkelblauem Garn und 1 Km in der 1. Rd des Kopfs anschlingen. *4 Lm, in die 2. Lm ab der Nadel einstechen, 1 hStb, 2 Km, noch 1 Km in die 1. Rd des Kopfs arbeiten*, wdh bis 3 Kammfedern fertiggestellt sind. Abketten und Garnende vernähen. Den Kamm oben am Kopf auf dem Fadenring festnähen.

SCHNABEL

1. Rd: mit beigem Garn 3 fM in einen Fadenring häkeln.
2. Rd: 2 fM in die nächste M, 2 fM (4 M).
3. Rd: 1 fM, 2 fM in die nächste M, 2 fM (5 M).
Abketten und einen Faden zum Nähen lassen.
Den Schnabel nicht ausstopfen und zwischen den Augen festnähen.

BEIN (2x häkeln)

Mit beigem Garn 7 Lm anschlagen und in die 2. Lm ab der Nadel einstechen.
1. R: 2 Km in die Lm-Kette, 3 Lm, 2 Km in die neue Lm-Kette, 3 Lm, 2 Km in die neue Lm-Kette, 4 Lm weiter unten in die 1. Lm-Kette.
Einen Faden zum Nähen lassen. Die Beine an der Unterseite des Pfaus festnähen.

FLÜGEL (2x häkeln)

1. Rd: mit dunkelblauem Garn 5 fM in einen Fadenring arbeiten.
2. Rd: 2 fM in die nächste M, 4 fM (6 M).
3. Rd: 2 fM in die nächste M, 5 fM (7 M).

4. Rd: 7 fM häkeln.
Die Flügel nicht ausstopfen, flach drücken und seitlich am Körper des Pfaus festnähen.

SCHWANZFEDERN (5x häkeln)
1. Rd: mit dunkelblauem Garn 5 fM in einen Fadenring arbeiten.
2. Rd: mit türkisem Garn 2 fM in jede M (10 M).
3. Rd: mit 1 Km grünes Garn anschlingen, 6 Lm häkeln und in die 2. Lm ab der Nadel einstechen. 1 Km, 2 fM, 1 hStb, 1 Stb, 1 M der 2. Rd überspringen, *1 fM, 2 fM in die nächste M* 4x, die 1. M überspringen und auf der anderen Seite der Lm-Kette weiterhäkeln, 1 Stb, 1 hStb, 2 fM, 1 Km. Abketten und einen Faden zum Nähen lassen.
Wenn alle 5 Federn gehäkelt sind, werden diese durch die hinteren M-Gleider der ersten 5 M zusammengenäht. Dann den gesamten Schwanz an der Rückseite des Vogelkörpers festnähen.

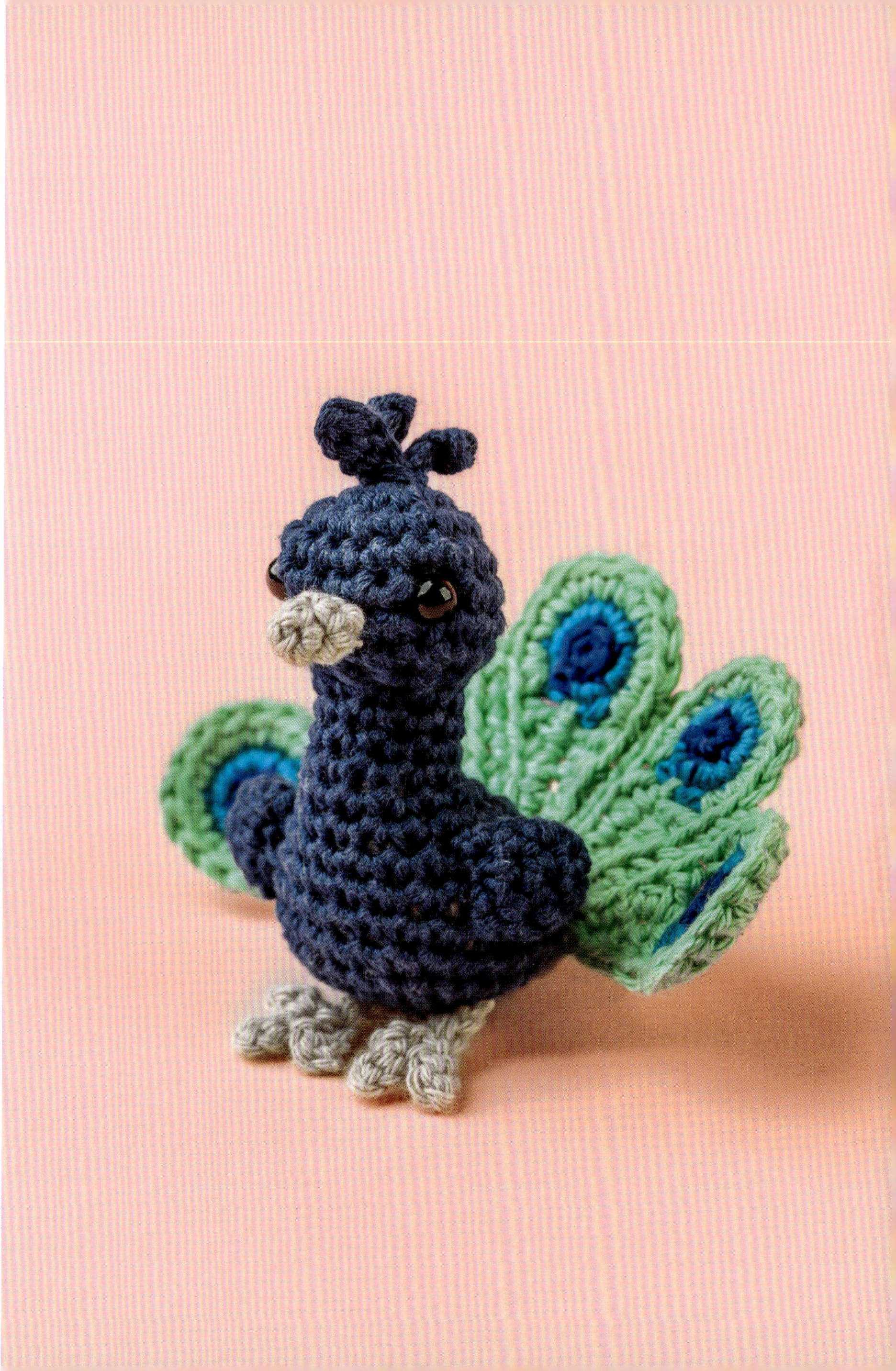

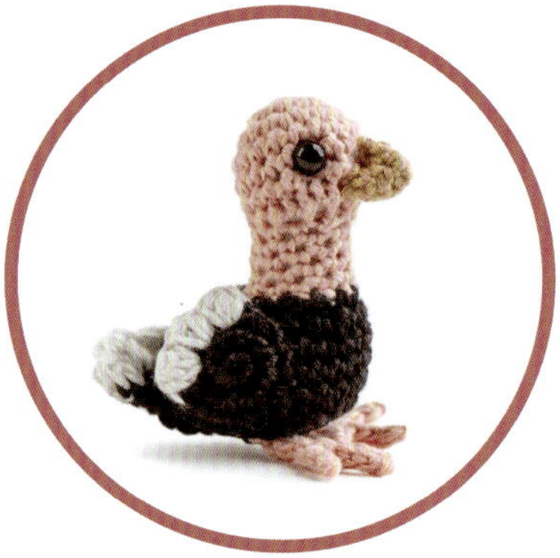

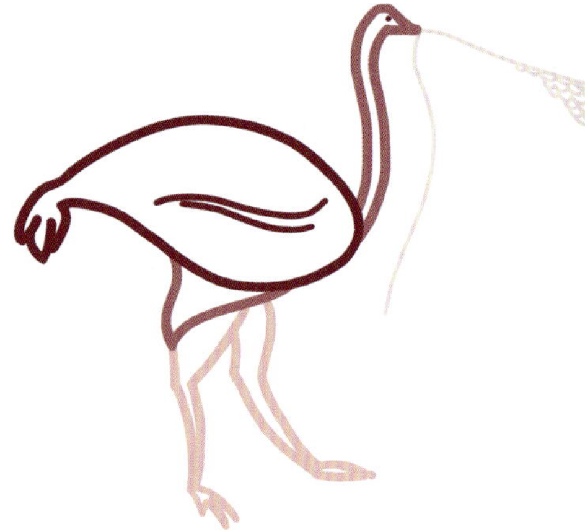

VOGEL-STRAUSS

KOPF UND KÖRPER

Kopf und Körper in einem Stück gemäß der Anleitung für den Pfau (Seite 20) häkeln. Die 1.–12. Rd in Rosa arbeiten, dann mit Schwarz bis zum Ende weiterhäkeln.

SCHNABEL

1. Rd: mit beigem Garn 3 fM in einen Fadenring häkeln.
2. Rd: 2 fM in jede M (6 M).
3. Rd: *2 fM in die nächste M, 1 fM* 3x (9 M).
Abketten und einen Faden zum Nähen lassen.
Den Schnabel nicht ausstopfen. Das Garnende zwischen der 1. und 4. M der letzten Rd durchfädeln und zusammenziehen.
So erhält der Schnabel eine dreieckige Form (siehe Diagramm). Den Schnabel zwischen den Augen an der 5. und 6. Rd festnähen.

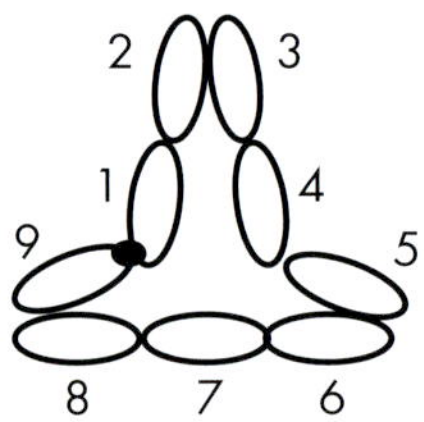

BEIN (2x häkeln)

Mit rosa Garn 8 Lm anschlagen und in die 2. Lm ab der Nadel einstechen.
1. R: 3 Km in die Lm-Kette, 4 Lm, 3 Km in die neue Lm-Kette, 4 Lm, 3 Km in die neue Lm-Kette, 1 Km rund um den Knöchel arbeiten und 3 Km in die letzten M der 1. Lm-Kette häkeln. Einen Faden zum Nähen lassen. Die Füße an der Unterseite des Körpers festnähen.

FLÜGEL (2x häkeln)

1. Rd: mit schwarzem Garn 6 fM in einen Fadenring häkeln.
2. Rd: 2 fM in jede M (12 M).
3. Rd: mit weißem Garn *1 Popcorn-M und 1 fM in dieselbe M häkeln* 3x (es wird nur ein Teil der Rd bearbeitet).
Abketten und einen schwarzen Faden zum Nähen lassen. Die Flügel seitlich am Körper festnähen. Die weißen Teile zeigen dabei nach hinten.

SCHWANZ

Mit schwarzem Garn 6 Lm häkeln und mit 1 Km zu einem Ring schließen. Dann in Rd weiterarbeiten.
1. Rd: 6 fM in einen Fadenring häkeln.
2. Rd: *2 fM in die nächste M, 2 fM* 2x (8 M).
3. Rd: 8 fM häkeln.
4. Rd: den Schwanz flach drücken. Mit weißem Garn durch beide Schwanzlagen häkeln, *1 Popcorn-M und 1 fM in dieselbe M* 3x, 1 Popcorn-M, 1 Km .
Abketten, einen schwarzen Faden zum Nähen lassen und den Schwanz an der Körperrückseite festnähen.

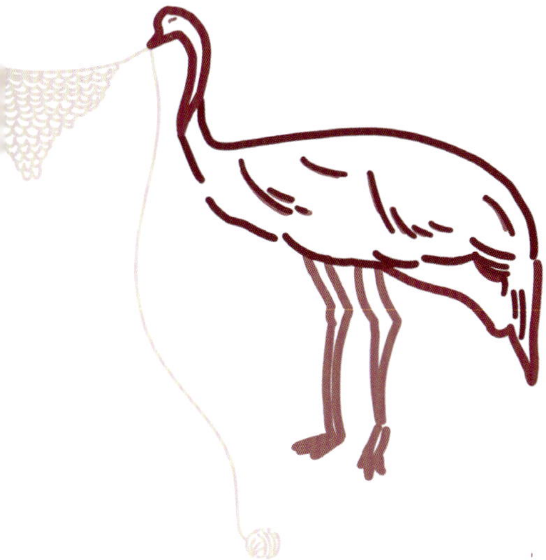

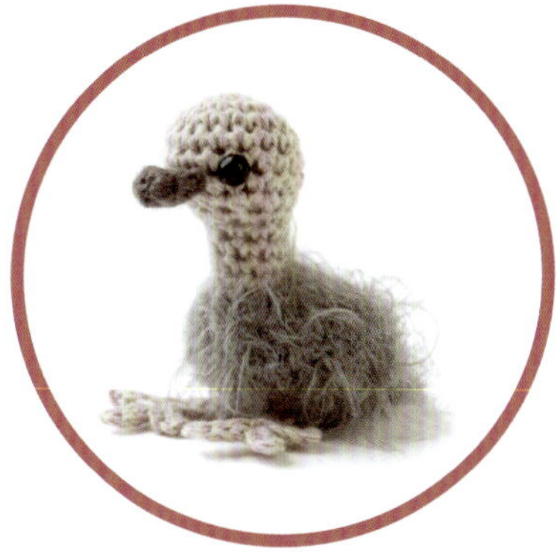

EMU

KÖRPER
1. Rd: mit grauem Flauschgarn 6 fM in einen Fadenring arbeiten.
2. Rd: 2 fM in jede M (12 M).
3. Rd: *2 fM in die nächste M, 1 fM* 6x (18 M).
4. Rd: *2 fM in die nächste M, 2 fM* 6x (24 M).
5. Rd: *2 fM in die nächste M, 3 fM* 6x (30 M).
6. Rd: 30 fM häkeln.
7. Rd: *1 M abn* 6x, 18 fM (24 M).
8. Rd: 24 fM häkeln.
9. Rd: *1 M abn* 6x, 12 fM (18 M).
10. Rd: *1 M abn* 6x, 6 fM (12 M).
11. Rd: *1 M abn, 4 fM* 2x (10).
Abketten und die flauschige Körperinnenseite nach außen stülpen. Einen Faden zum Nähen lassen.

KOPF
1. Rd: mit beigem Garn 6 fM in einen Fadenring häkeln.
2. Rd: 2 fM in jede M (12 M).
3. Rd: *2 fM in die nächste M, 1 fM* 6x (18 M).
4.–6. Rd: 18 fM häkeln.
7. Rd: 3 fM, *1 M abn* 6x, 3 fM (12 M).
Die Augen zwischen der 4. und 5. Rd im Abstand von 5 M befestigen. Die Abnahmen befinden sich auf der Kopfvorderseite, und die Augen sollten oberhalb der Abnahmen positioniert werden. Den Maschenmarkierer exakt in der Gesichtsmitte platzieren.
8. Rd: 4 fM, *1 M abn* 2x (eine Abnahme auf jeder Seite des Maschenmarkierers), 4 fM (10 M).
Den Kopf mit Füllwatte ausstopfen.
9.–11. Rd: 10 fM häkeln.
Abketten und den Kopf am Körper festnähen.

SCHNABEL
1. Rd: mit grauem Garn 5 fM in einen Fadenring arbeiten.
2. Rd: 2 fM in die nächste M, 4 fM (6 M).
3. Rd: 2 fM in die nächste M, 5 fM (7 M).
Den Schnabel nicht ausstopfen.
Einen Faden zum Nähen lassen. Den Schnabel zwischen den Augen an der 5. und 6. Rd festnähen.

BEIN (2x häkeln)
Mit beigem Garn 8 Lm anschlagen und in die 2. Lm ab der Nadel einstechen.
1. R: 3 Km in die Lm-Kette, 4 Lm, 3 Km in die neue Lm-Kette, 4 Lm, 3 Km in die neue Lm-Kette, 1 Km rund um den Knöchel arbeiten und 3 Km in die letzten M der 1. Lm-Kette häkeln.
Einen Faden zum Nähen lassen.
Die Füße an der Unterseite des Körpers festnähen.

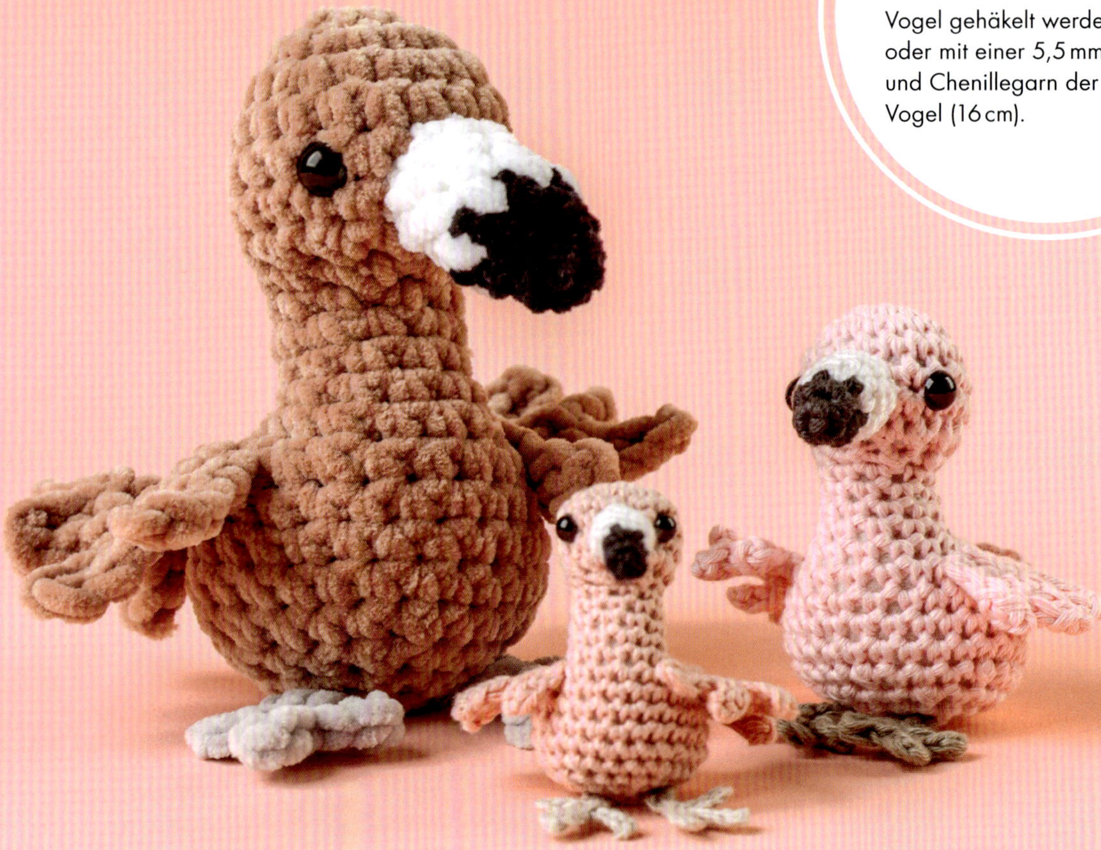

Lustiges Trio: Mit einer 4,0 mm Häkelnadel und doppeltem Faden kann der etwas größere Vogel gehäkelt werden (10 cm) oder mit einer 5,5 mm Nadel und Chenillegarn der große Vogel (16 cm).

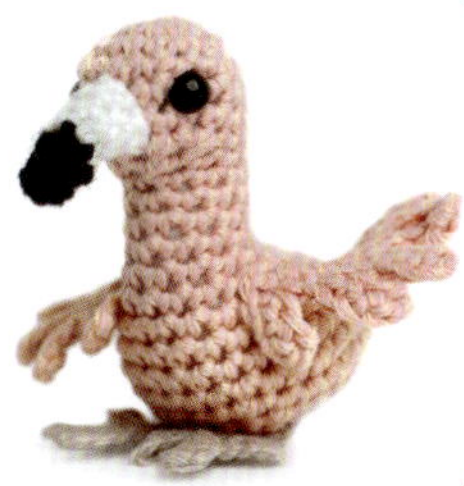

FLAMINGO

KOPF UND KÖRPER
Mit rosa Garn Kopf und Körper in einem Stück gemäß der Anleitung für den Pfau (Seite 20) häkeln.

BEINE
Die Beine mit grauem Garn gemäß der Anleitung für den Pfau (Seite 20) häkeln.

SCHNABEL
Die Zunahmen in jeder Runde an derselben Stelle arbeiten.
1. Rd: mit schwarzem Garn 3 fM in einen Fadenring häkeln.
2. Rd: 2 fM in die nächste M, 2 fM (4 M).
3. Rd: 2 fM in die nächste M, 3 fM (5 M).
4. Rd: mit weißem Garn arbeiten, 2 fM in die nächste M, 4 fM (6 M).
5. Rd: 2 fM in die nächste M, 5 fM (7 M).
6. Rd: 7 fM häkeln.
Abketten und einen Faden zum Nähen lassen.
Den Schnabel leicht ausstopfen und zwischen den Augen des Flamingos festnähen.

FLÜGEL (2x häkeln)
Mit rosa Garn 10 Lm anschlagen und in die 2. Lm ab der Nadel einstechen.
1. R: folgende M auf einer Seite der Lm-Kette arbeiten: 3 fM (sie bilden die erste Feder des Flügels), 1 Km, *4 Lm, in die 2. Lm ab der Nadel einstechen, 3 fM, 1 fM in die nächste M der ursprünglichen Lm-Kette* 5x.
Auf der anderen Seite der Lm-Kette weiterarbeiten, 1 Km in die nächste M, 5 fM.
Abketten und einen Faden zum Nähen lassen.
Die Flügel auf beiden Seiten am Körper festnähen.

PINGUIN

KÖRPER
Den Körper gemäß der Anleitung für den Kakadu häkeln (Seite 12), dabei schwarzes Garn verwenden.

GESICHT
Mit weißem Garn 6 Lm anschlagen und in die 2. Lm ab der Nadel einstechen.
1. Rd: 2 fM in die nächste M, 3 fM, 3 fM in die nächste M, auf der anderen Seite der Lm-Kette weiterarbeiten, 4 fM (12 M).
2. Rd: *je 2 fM in die nächsten 2 M, 4 fM* 2x (16 M).
3. Rd: 3 fM, 1 M überspringen, 5 Stb in die nächste M, 1 M überspringen, 1 Km, 1 M überspringen, 5 Stb in die nächste M, 1 M überspringen, 6 fM, 1 Km (21 M).
Abketten und einen Faden zum Nähen lassen.

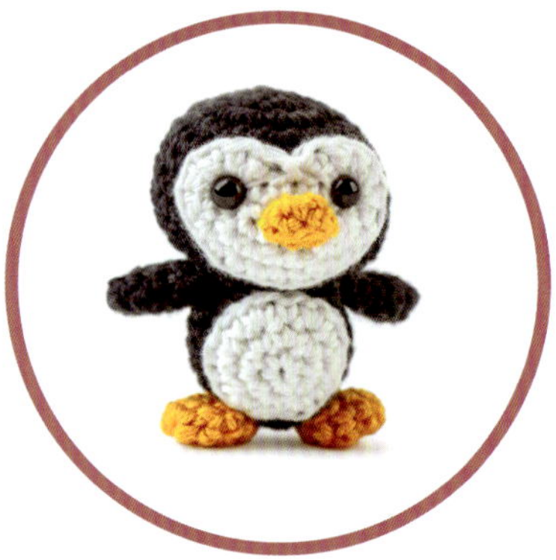

KOPF
Den Kopf gemäß der Anleitung für den Kakadu häkeln (Seite 12), dabei schwarzes Garn verwenden.
Die Augen auf dem Gesicht in der Mitte der M mit den 5 Stb anbringen und dann am Kopf zwischen der 6. und 7. Rd im Abstand von 5 M befestigen. Das Gesicht am Kopf festnähen und dann den Kopf am Körper befestigen.

SCHNABEL
1. Rd: mit gelbem Garn 4 fM in einen Fadenring häkeln.
2. Rd: 2 fM in die nächste M, 3 fM (5 M).
3. Rd: 2 fM in die nächste M, 4 fM (6 M).
Abketten und einen Faden zum Nähen lassen.
Den Schnabel direkt unterhalb der Augen annähen.

BRUST
1. Rd: mit weißem Garn 6 fM in einen Fadenring häkeln.
2. Rd: 2 fM in jede M (12 M).
3. Rd: *2 fM in die nächste M, 1 fM* 6x (18 M).
Abketten und einen Faden zum Nähen lassen.
Die Brust vorne auf den Körper nähen und dann die Füße und die Flügel befestigen.

FUSS (2x häkeln)
1. Rd: mit gelbem Garn 6 fM in einen Fadenring häkeln.
2. Rd: *2 fM in die nächste M, 2 fM* 2x (8 M).
3. Rd: 8 fM häkeln.
4. Rd: *1 M abn, 2 fM* 2x (6 M).
5. Rd: 6 fM häkeln.
Abketten und einen Faden zum Nähen lassen.
Die Füße nicht ausstopfen und an der Unterseite des Körpers festnähen.

FLÜGEL (2x häkeln)
1. Rd: mit schwarzem Garn 4 fM in einen Fadenring häkeln.
2. Rd: *2 fM in die nächste M, 1 fM* 2x (6 M).
3. Rd: *2 fM in die nächste M, 2 fM* 2x (8 M).
Abketten und einen Faden zum Nähen lassen. Die Flügel an der 1. Rd so am Körper festnähen, dass sie nach unten hängen.

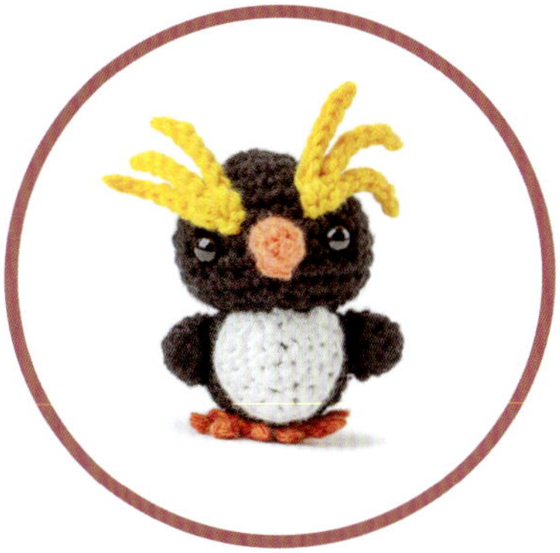

FELSEN-PINGUIN

KÖRPER
Den Körper gemäß der Anleitung für den Kakadu häkeln (Seite 12), dabei schwarzes Garn verwenden.

KOPF
Den Kopf gemäß der Anleitung für den Kakadu häkeln (Seite 12), dabei schwarzes Garn verwenden.
Die Augen am Kopf zwischen der 7. und 8. Rd im Abstand von 6 M befestigen und den Kopf am Körper festnähen.

SCHNABEL
1. Rd: mit orangem Garn 3 fM in einen Fadenring häkeln.
2. Rd: 2 fM in die nächste M, 2 fM (4 M).
3. Rd: 2 fM in die nächste M, 3 fM (5 M).
4. Rd: 2 fM in die nächste M, 4 fM (6 M).
Abketten und einen Faden zum Nähen lassen.
Den Schnabel direkt unterhalb der Augen annähen.

ÜBERAUGENSTREIFEN (2x häkeln)
Über jedem Auge befinden sich 3 Überaugenstreifen, die in einem Stück gehäkelt werden.
Mit gelbem Garn *8 Lm anschlagen und dann in die 2. Lm ab der Nadel einstechen, 7 Km häkeln* 3x.
Das ergibt 3 Überaugenstreifen.
Mit 1 Km in die 1. M enden.
Abketten und über den Augen festnähen.

BRUST
Mit weißem Garn 4 Lm anschlagen und in die 2. Lm ab der Nadel einstechen.
1. R: 2 fM, 3 fM in dieselbe M, 2 fM auf der anderen Seite der Lm-Kette, 1 Lm, wenden (7 M).
2. R: 2 fM, 2 fM in die nächste M, 1 fM, 2 fM in die nächste M, 2 fM, 1 Lm, wenden (9 M).
3. R: 4 fM, 3 fM in die nächste M, 4 fM, 1 Lm, wenden (11 M).
4. R: 4 fM, 2 fM in die nächste M, 1 fM, 2 fM in die nächste M, 4 fM (13 M).
Abketten und einen Faden zum Nähen lassen.
Die Brust vorne auf den Körper nähen und dann die Füße und die Flügel befestigen.Das gerade Ende der Brust liegt an der Oberkante unterhalb des Halses.

FUSS (2x häkeln)
Mit orangem Garn 6 Lm anschlagen und in die 2. Lm ab der Nadel einstechen.
1. R: 3 Km in die Lm-Kette, 4 Lm, 3 Km in die neue Lm-Kette, 4 Lm, 3 Km in die neue Lm-Kette, 2 Km weiter unten in die 1. Lm-Kette.
Abketten und einen Faden zum Nähen lassen. Die Füße an der Unterseite des Körpers festnähen.

FLÜGEL (2x häkeln)
1. Rd: mit schwarzem Garn 4 fM in einen Fadenring häkeln.
2. Rd: 2 fM in die nächste M, 3 fM (5 M).
3. Rd: 2 fM in die nächste M, 4 fM (6 M).
4. Rd: 2 fM in die nächste M, 5 fM (7 M).
5. Rd: 7 fM häkeln.
Abketten und einen Faden zum Nähen lassen.
Die Flügel auf beiden Seiten am Körper festnähen.

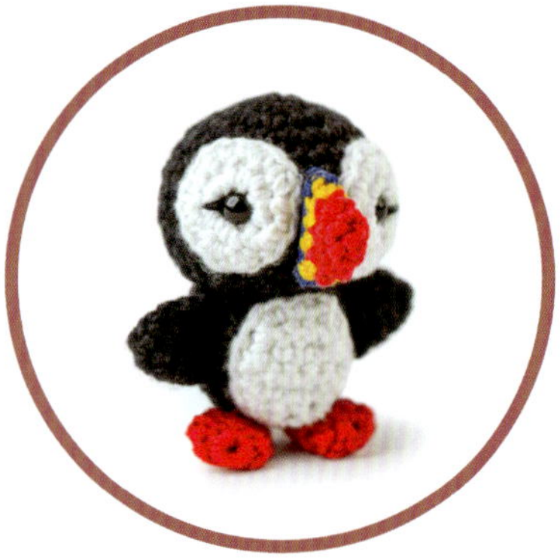

PAPAGEIEN-TAUCHER

KÖRPER

Den Körper gemäß der Anleitung für den Kakadu häkeln (Seite 12), dabei schwarzes Garn verwenden.

AUGENBASIS (2x häkeln)

1. Rd: mit weißem Garn 6 fM in einen Fadenring häkeln.
2. Rd: 2 fM in jede M (12 M).
3. Rd: * 2 fM in die nächste M, 1 fM* 6x (18 M).
Abketten und einen Faden zum Nähen lassen.

KOPF

Den Kopf gemäß der Anleitung für den Kakadu häkeln (Seite 12), dabei schwarzes Garn verwenden.
Die Augen zuerst in der Mitte der Basis einführen und dann zwischen der 7. und 8. Rd mit einem Abstand von 7 M befestigen.

SCHNABEL

1. Rd: mit rotem Garn 4 fM in einen Fadenring arbeiten.
2. Rd: *2 fM in die nächste M, 1 fM* 2x (6 M).
3. Rd: *2 fM in die nächste M, 2 fM* 2x (8 M).
4. Rd: mit gelbem Garn arbeiten, *2 fM in die nächste M, 3 fM* 2x (10 M).
5. Rd: mit blauem Garn arbeiten, *2 fM in die nächste M, 4 fM* 2x (12 M).
Abketten und einen Faden zum Nähen lassen.
Den Schnabel nicht ausstopfen, flach drücken und zwischen den Augen festnähen.

BRUST

Mit weißem Garn 4 Lm anschlagen und in die 2. Lm ab der Nadel einstechen.
1. R: 3 fM, 1 Lm, wenden (3 M).
2. R: 2 fM in dieselbe M, 1 fM, 2 fM in dieselbe M, 1 Lm, wenden (5 M).
3.–4. R: 5 fM häkeln, 1 Lm, wenden (5 M).
5. R: 1 M abn, 1 fM, 1 M abn, 1 Lm, wenden (3 M).
6. R: 3 fM häkeln.
1. Rd: fM rund um die gesamte Brust arbeiten.
Abketten und einen Faden zum Nähen lassen.
Die Brust vorne am Körper festnähen.

FUSS (2x häkeln)

1. Rd: mit rotem Garn 8 fM in einen Fadenring arbeiten.
2. Rd: 8 fM häkeln.
3. Rd: *1 M abnehmen, 2 fM* 2x (6 M).
4. Rd: 6 fM häkeln.
5. Rd: *1 M abn, 1 fM* 2x (4 M).
Abketten und einen Faden zum Nähen lassen.
Die Füße nicht ausstopfen und an der Unterseite des Körpers festnähen.

FLÜGEL (2x häkeln)

1. Rd: mit schwarzem Garn 4 fM in einen Fadenring häkeln.
2. Rd: je 2 fM in die nächsten 2 M, 2 fM (6 M).
3. Rd: je 2 fM in die nächsten 2 M, 4 fM (8 M).
4. Rd: 8 fM häkeln (8 M).
5. Rd: je 2 fM in die nächsten 2 M, 6 fM (10 M).
Abketten und einen Faden zum Nähen lassen.
Die Flügel auf beiden Seiten am Körper festnähen.

Je größer die Häkelnadel, desto größer der Vogel. Der kuschelige Papageientaucher (16 cm) wurde mit einer 5,5 mm Häkelnadel und Chenillegarn gearbeitet.

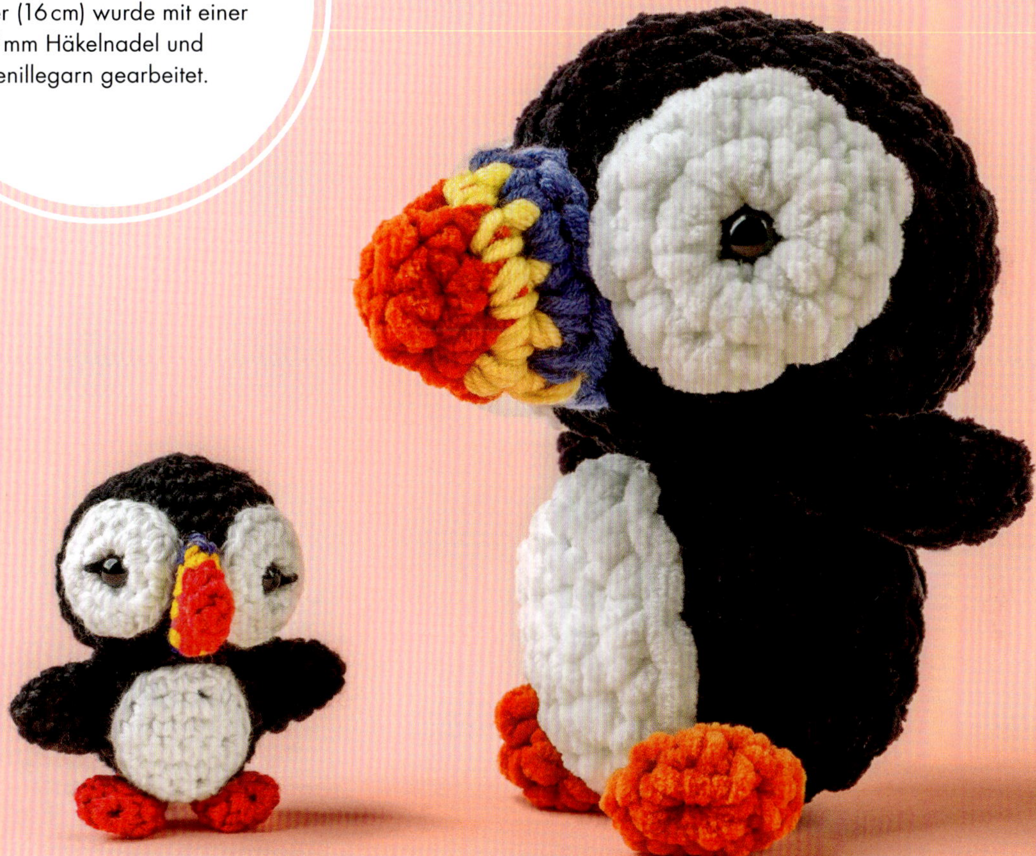

EISVOGEL

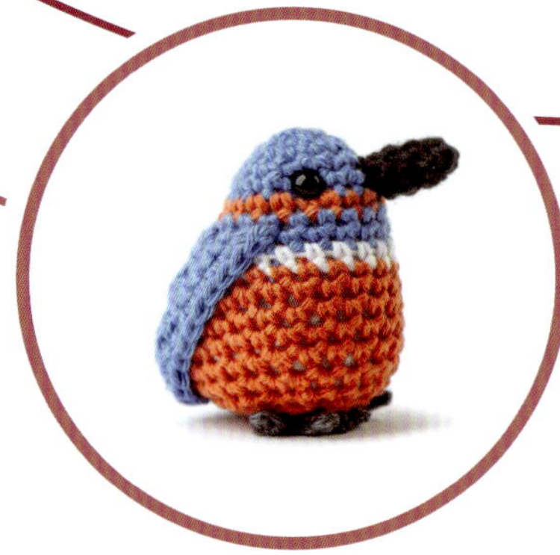

KOPF UND KÖRPER
1. Rd: mit blauem Garn 6 fM in einen Fadenring arbeiten.
2. Rd: 2 fM in jede M (12 M).
3. Rd: *2 fM in die nächste M, 3 fM* 3x (15 M).
4. Rd: *2 fM in die nächste M, 4 fM* 3x (18 M).
5. Rd: 18 fM häkeln.
6. Rd: mit orangem Garn 18 fM arbeiten.
7. Rd: mit blauem Garn 18 fM arbeiten.
8. Rd: *2 fM in die nächste M* 4x, 14 fM (22 M).
9. Rd: mit weißem Garn arbeiten, *2 fM in die nächste M, 1 fM* 4x, 14 fM (26 M).
10.–13. Rd: mit orangem Garn 26 fM arbeiten.
Die Augen zwischen der 5. und 6. Rd im Abstand von 5 M befestigen.
14. Rd: 6 fM, *1 M abn* 2x, 16 fM (24 M).
15. Rd: *1 M abn, 2 fM* 6x (18 M).
16. Rd: *1 M abn, 1 fM* 6x (12 M).
Mit Füllwatte ausstopfen.
17. Rd: *1 M abn* 6x (6 M).
Abketten und Garnende vernähen.

SCHNABEL
1. Rd: mit schwarzem Garn 3 fM in einen Fadenring häkeln.
2. Rd: 2 fM in die nächste M, 2 fM (4 M).
3. Rd: 2 fM in die nächste M, 3 fM (5 M).
4.–5. Rd: 5 fM häkeln.
Abketten und einen Faden zum Nähen lassen.
Den Schnabel zwischen den Augen annähen.

FUSS (2x häkeln)
Mit dunkelgrauem Garn 5 Lm anschlagen und in die 2. Lm ab der Nadel einstechen.
1. R: 3 Km in die Lm-Kette, 4 Lm, 3 Km in die neue Lm-Kette, 4 Lm, 3 Km in die neue Lm-Kette, 1 Km in die 1. Lm-Kette.
Abketten und einen Faden zum Nähen lassen.
Die Füße an der Unterseite des Körpers festnähen.

FLÜGEL
Nach dem Fadenring wird der Flügel in R gearbeitet.
1. R: mit blauem Garn 3 fM in einen Fadenring arbeiten, 1 Lm, wenden.
2. R: 2 fM in jede M, 1 Lm, wenden (6 M).
3. R: 2 fM, *2 hStb in die nächste M* 2x, 2 fM, 1 Lm, wenden (8 M).
4. R: 2 fM, *2 hStb in die nächste M* 4x, 2 fM, 1 Lm, wenden (12 M).
5. R: 3 fM, 2 hStb, *2 hStb in die nächste M* 2x, 2 hStb, 3 fM, 1 Lm, wenden (14 M).
6. R: 2 fM in dieselbe M, 3 fM, 1 hStb, *2 hStb in die nächste M* 4x, 1 hStb, 3 fM, 2 fM in die nächste M, 1 Lm, wenden (20 M).
7. R: 2 fM in dieselbe M, 6 fM, 2 hStb, *2 hStb in die nächste M* 2x, 2 hStb, 6 fM, 2 fM in die nächste M (24 M).
Abketten und einen Faden zum Nähen lassen.
Die Flügel in der 7. Rd am Körper festnähen.

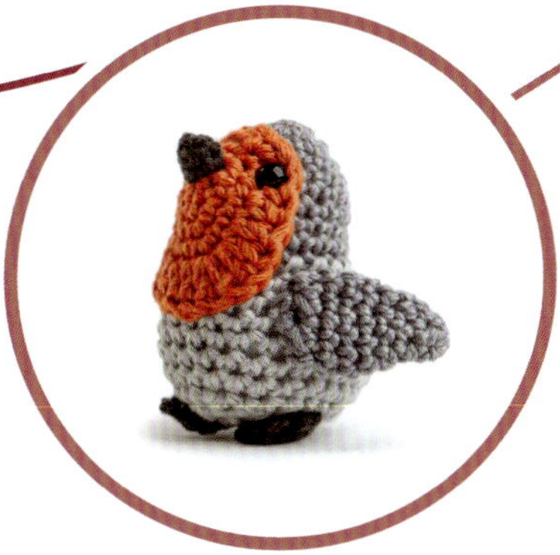

ROT-KEHLCHEN

BRUST

Mit orangem Garn 4 Lm anschlagen und in die 2. Lm ab der Nadel einstechen.
1. R: 2 fM, 3 fM in die nächste M, auf der anderen Seite der Lm-Kette weiterarbeiten, 1 fM, 2 fM in die letzte M (8 M).
2. R: 2 fM in dieselbe M, 2 fM, *2 fM in die nächste M* 2x, 2 fM, 2 fM in die nächste M (12 M).
3. R: *2 fM in dieselbe M* 2x, 3 fM, *2 fM in die nächste M* 3x, 3 fM, 2 fM in die nächste M (18 M).
4. R: *2 fM in dieselbe M, 1 fM* 2x, 2 hStb, 1 Stb, *2 Stb in die nächste M* 2x, 1 Stb, *2 Stb in die nächste M* 2x, 1 Stb, 2 hStb, 1 fM, 2 fM in die nächste M, 1 fM (25 M).
Die Stb zeigen nach unten.
Abketten und einen Faden zum Nähen lassen.

KOPF UND KÖRPER

Kopf und Körper von oben nach unten in einem Stück arbeiten.
1. Rd: mit mittelgrauem Garn 6 fM in einen Fadenring häkeln.
2. Rd: 2 fM in jede M (12 M).
3. Rd: 12 fM häkeln.
4. Rd: *2 fM in die nächste M, 3 fM* 3x (15 M).
5. Rd: *2 fM in die nächste M, 4 fM* 3x (18 M).
6.–8. Rd: 18 fM häkeln.
9. Rd: je 2 fM in die nächsten 4 M, 14 fM (22 M).
10. Rd: mit hellgrauem Garn arbeiten, *2 fM in die nächste M, 1 fM* 4x, 14 fM (26 M).
11.–14. Rd: 26 fM häkeln.
15. Rd: 6 fM, *1 M abn* 2x, 16 fM (24 M).
16. Rd: *1 M abn, 2 fM* 6x (18 M).
Die Augen in der äußersten Rd durch die Brust stecken und dann am Körper zwischen der 5. und 6. Rd mit einem Abstand von 5 M befestigen.
Den Vogel mit Füllwatte ausstopfen.
17. Rd: *1 M abn, 1 fM* 6x (12 M).
18. Rd: *1 M abn* 6x (6 M).
Abketten und Garnende vernähen.
Die Brust am Körper festnähen.

SCHNABEL

1. Rd: mit dunkelgrauem Garn 3 fM in einen Fadenring häkeln.
2. Rd: 2 fM in die nächste M, 2 fM (4 M).
Abketten und einen Faden zum Nähen lassen.
Den Schnabel nicht ausstopfen und zwischen den Augen festnähen.

FUSS (2x häkeln)

1. Rd: mit dunkelgrauem Garn 5 fM in einen Fadenring arbeiten, 1 Km in die 1. M häkeln.
2. Rd: *2 Lm, 1 fM und 1 Km in dieselbe M* 3x (12 M).
Abketten und einen Faden zum Nähen lassen.
Die Füße an der Unterseite des Körpers festnähen.

FLÜGEL (2x häkeln)

1. Rd: mit mittelgrauem Garn 4 fM in einen Fadenring häkeln.
2. Rd: 2 fM in die nächste M, 3 fM (5 M).
3. Rd: 2 fM in die nächste M, 4 fM (6 M).
4. Rd: 2 fM in die nächste M, 5 fM (7 M).
5. Rd: 2 fM in die nächste M, 6 fM (8 M).
6. Rd: *2 fM in die nächste M, 3 fM* 2x (10 M).
7. Rd: 2 fM in die nächste M, 9 fM (11 M).
8. Rd: 1 M abn, 9 fM (10 M).
9. Rd: *1 M abn* 5x (5 M).
Abketten und einen Faden zum Nähen lassen.
Die Flügel flach drücken und seitlich am Körper festnähen.

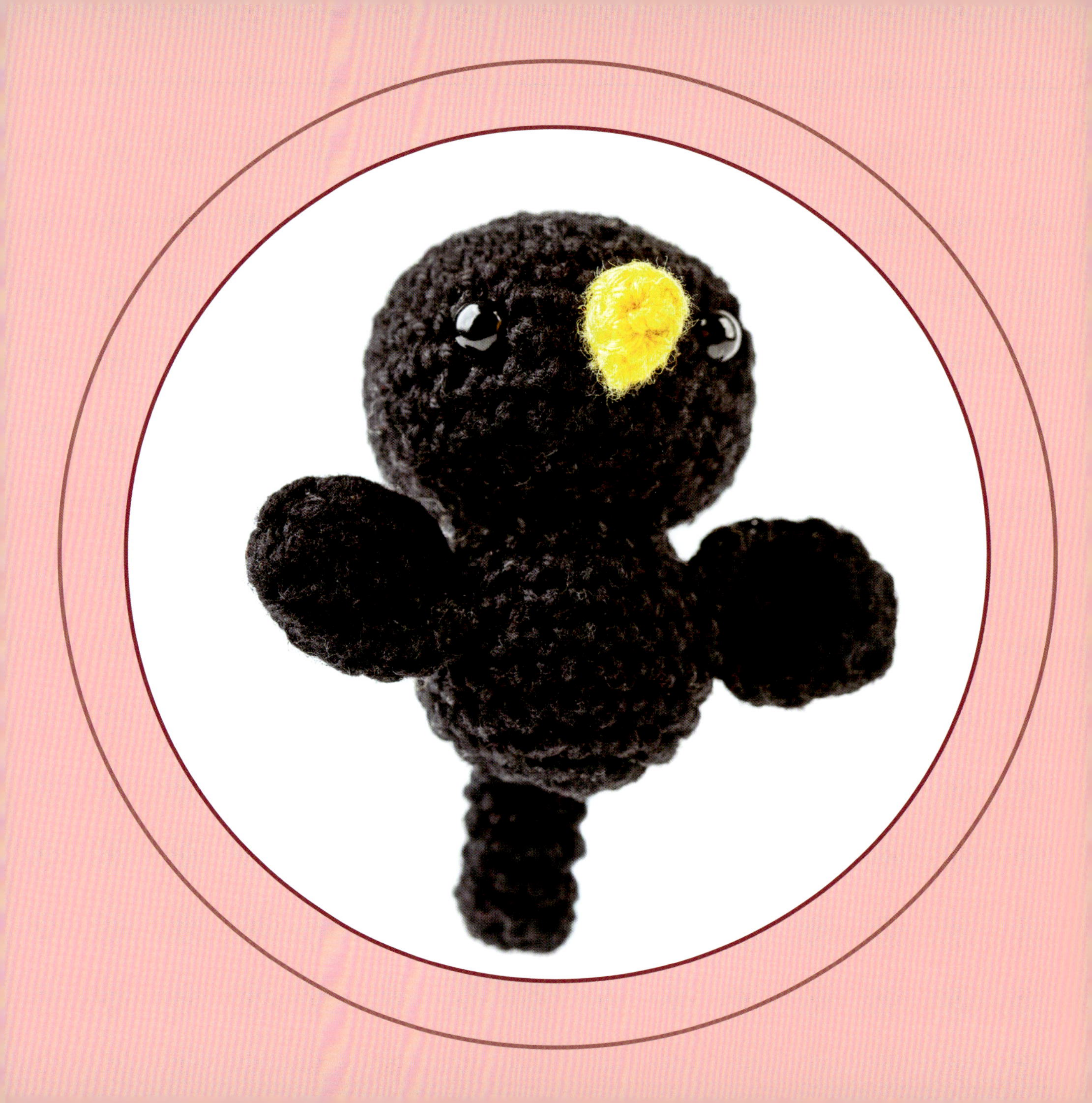

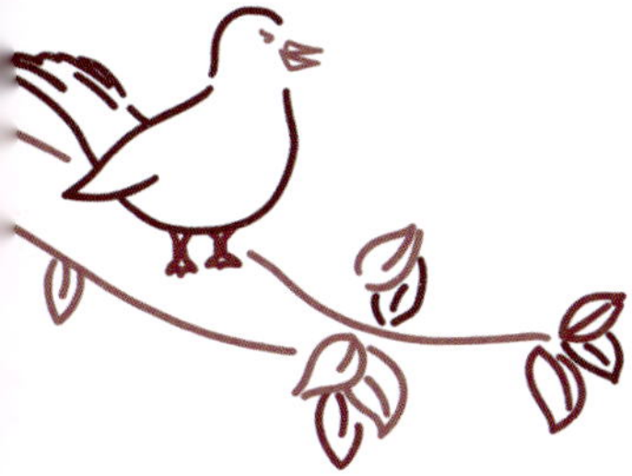

TIPP

Ein Doppeltes Stäbchen (DSt) häkelst du wie folgt:
1. Mache zwei Umschläge, stich in die nächste Masche ein und hole den Faden. Du hast jetzt vier Schlingen auf der Nadel.
2. Hole den Faden und zieh ihn durch die ersten zwei Schlingen, sodass du noch drei Schlingen auf der Nadel hast.
3. Hole den Faden erneut, zieh ihn wieder durch die ersten zwei Schlingen. Jetzt hast du noch zwei Schlingen auf der Nadel.
4. Hole den Faden und ziehe ihn durch die letzten zwei Schlingen auf der Nadel.

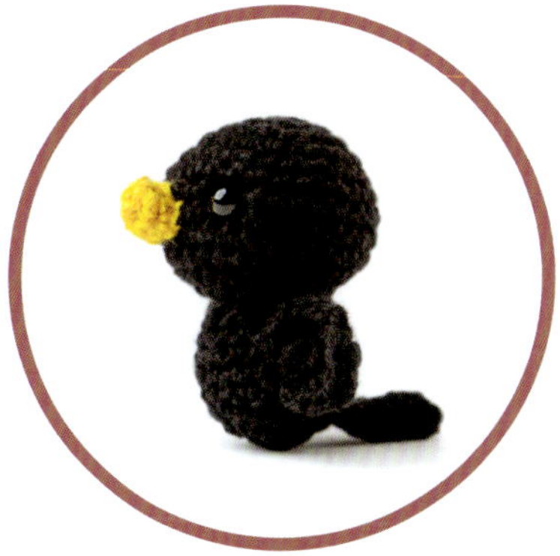

AMSEL

KÖRPER
Den Körper gemäß der Anleitung für den Kakadu häkeln (Seite 12), dabei schwarzes Garn verwenden.

KOPF
Den Kopf gemäß der Anleitung für den Kakadu häkeln (Seite 12), dabei schwarzes Garn verwenden.
Die Augen zwischen der 7. und 8. Rd im Abstand von 6 M befestigen.

SCHNABEL
1. Rd: mit gelbem Garn 4 fM in einen Fadenring häkeln.
2. Rd: 2 fM in die nächste M, 3 fM (5 M).
3. Rd: 5 fM häkeln.
Abketten und einen Faden zum Nähen lassen.
Den Schnabel zwischen den Augen festnähen.
Den Kopf am Körper befestigen.

SCHWANZ
Mit schwarzem Garn 4 Lm anschlagen und in die 2. Lm ab der Nadel einstechen.
1. Rd: 2 fM, 2 fM in die nächste M, auf der anderen Seite der Lm-Kette weiterarbeiten, 2 fM (6 M).
2.–5. Rd: 6 fM häkeln.
Abketten und einen Faden zum Nähen lassen.
Den Schwanz auf der Körperrückseite entlang der 3. Rd festnähen.

FLÜGEL (2x häkeln)
1. Rd: mit schwarzem Garn 6 fM in einen Fadenring häkeln.
2. Rd: 2 fM in die nächste M, 1 fM und 1 hStb in die nächste M, 1 Stb und 1 DStb in die nächste M, 1 DStb und 1 Stb in die nächste M, 1 hStb und 1 fM in die nächste M, 2 fM in die nächste M (12 M).
Abketten und einen Faden zum Nähen lassen. Die Flügel seitlich am Körper festnähen. Die spitzen Enden zeigen dabei nach hinten.

BLAUMEISE

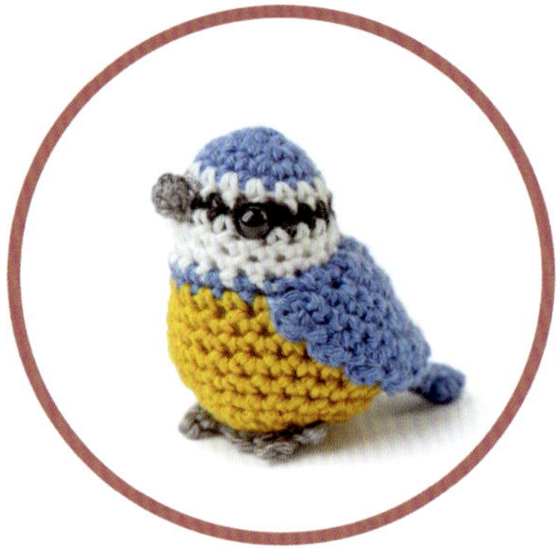

KOPF UND KÖRPER

Kopf und Körper von oben nach unten in einem Stück arbeiten.

1. Rd: mit blauem Garn 6 fM in einen Fadenring arbeiten.
2. Rd: 2 fM in jede M (12 M).
3. Rd: *2 fM in die nächste M, 3 fM* 3x (15 M).
4.Rd: mit weißem Garn 15 fM häkeln.
5. Rd: mit schwarzem Garn arbeiten, *2 fM in die nächste M, 4 fM* 3x (18 M).
6.–8. Rd: mit weißem Garn 18 fM häkeln.
9. Rd: mit blauem Garn arbeiten, *2 fM in die nächste M* 4x, 14 fM (22 M).
10. Rd: mit gelbem Garn arbeiten, *2 fM in die nächste M, 1 fM* 4x, 14 fM (26 M).
11.–14. Rd: 26 fM häkeln.
15. Rd: 6 fM, *1 M abn* 2x, 16 fM (24 M).
16. Rd: *1 M abn, 2 fM* 6x (18 M).
Die Augen zwischen der 5. und 6. Rd im Abstand von 5 M befestigen. Kopf und Körper mit Füllwatte ausstopfen.
17. Rd: *1 M abn, 1 fM* 6x (12 M).
18. Rd: *1 M abn* 6x (6 M).
Abketten und Garnende vernähen.

SCHNABEL

1. Rd: mit mittelgrauem Garn 3 fM in einen Fadenring häkeln.
2. Rd: 2 fM in die nächste M, 2 fM (4 M).
Abketten und einen Faden zum Nähen lassen.
Den Schnabel nicht ausstopfen und zwischen den Augen festnähen.

FUSS (2x häkeln)

Mit grauem Garn 5 Lm anschlagen und in die 2. Lm ab der Nadel einstechen.
1. R: 2 Km in die Lm-Kette, 3 Lm, 2 Km in die neue Lm-Kette, 3 Lm, 2 Km in die neue Lm-Kette, 2 Km weiter unten in die 1. Lm-Kette.
Abketten und einen Faden zum Nähen lassen.
Die Füße an der Unterseite des Körpers festnähen.

SCHWANZ

1. Rd: mit blauem Garn 6 fM in einen Fadenring arbeiten.
2.–5. Rd: 6 fM häkeln.
Abketten und den Schwanz unter dem blauen Flügel festnähen.

FLÜGEL

Nach dem Fadenring wird der Flügel in R gearbeitet.
1. Rd: mit blauem Garn 3 fM in einen Fadenring arbeiten, 1 Lm, wenden (3 M).
2. R: 2 fM in jede M, 1 Lm, wenden (6 M).
3. R: *2 hStb in die nächste M, 1 fM* 3x, 1 Lm, wenden (9 M).
4. R: *2 hStb in die nächste M, 2 fM* 3x, 1 Lm, wenden (12 M).
5. R: *2 hStb in die nächste M, 3 fM* 3x, 1 Lm, wenden (15 M).
6. R: *2 hStb in die nächste M, 4 fM* 3x, 1 Lm, wenden (15 M).
7. R: *2 hStb in die nächste M, 5 fM* 3x, 1 Lm, wenden (21 M).
8. R: *1 Lm, 1 hStb, 1 Lm, 1 Km* 10x, 1 Lm, 1 hStb (42 M).
Abketten und einen Faden zum Nähen lassen.
Die Flügel am Körper entlang der 9. Rd (blaube Rd) festnähen.

Du kannst deine niedlichen Tierchen auch in witzige Schlüsselanhänger verwandeln!

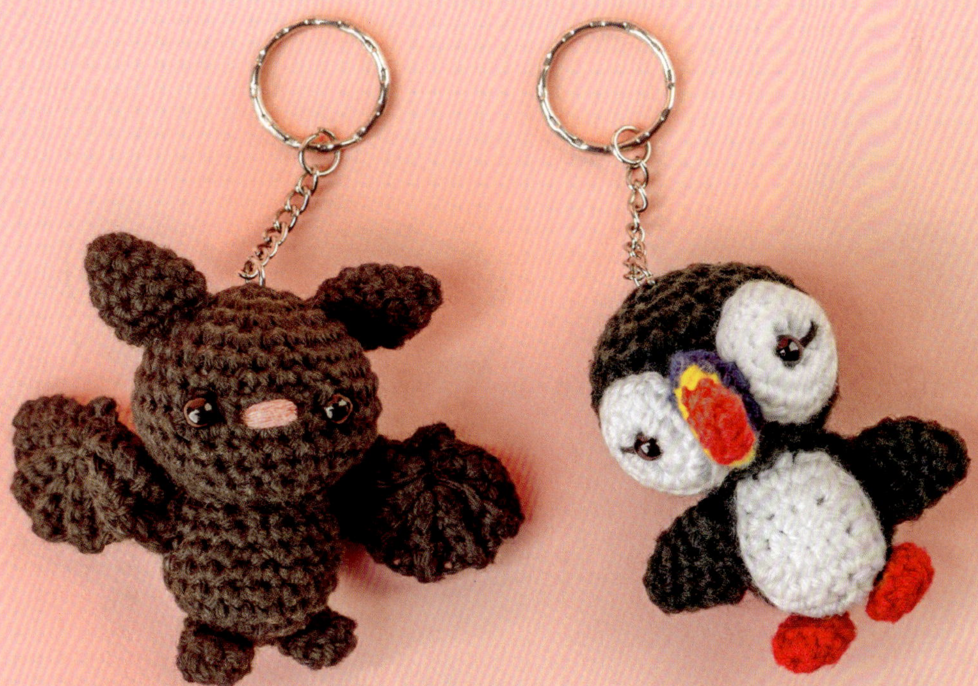

MÖWE

KOPF UND KÖRPER

1. Rd: mit weißem Garn 6 fM in einen Fadenring häkeln.
2. Rd: 2 fM in jede M (12 M).
3. Rd: 12 fM häkeln.
4. Rd: *2 fM in die nächste M, 3 fM* 3x (15 M).
5.–12. Rd: 15 fM häkeln.
13. Rd: 2 fM, *2 fM in die nächste M* 3x, 10 fM (18 M).
14. Rd: 2 fM, je 2 fM in die nächsten 6 M, 10 fM (24 M).
15.–18. Rd: 24 fM häkeln.
Die Augen zwischen der 6. und 7. Rd im Abstand von 4 M befestigen.
19. Rd: *1 M abn, 2 fM* 6x (18 M).
20. Rd: *1 M abn, 1 fM* 6x (12 M).
Den Kopf mit Füllwatte ausstopfen.
21. Rd: *1 M abn* 6x (6 M).
Abketten und Garnende vernähen.

SCHNABEL

1. Rd: mit gelbem Garn 3 fM in einen Fadenring häkeln.
2. Rd: 2 fM in die nächste M, 2 fM (4 M).
3. Rd: 2 fM in die nächste M, 3 fM (5 M).
4. Rd: 5 fM häkeln.
Abketten und einen Faden zum Nähen lassen.
Den Schnabel direkt unter den Augen annähen.

BEIN (2x häkeln)

Mit gelbem Garn 4 Lm anschlagen und in die 2. Lm ab der Nadel einstechen.
1. Rd: 2 fM, 2 fM in die nächste M, auf der anderen Seite der Lm-Kette weiterarbeiten, 2 fM (6 M).
2.–3. Rd: 6 fM häkeln.
4. Rd: *1 M abn, 1 fM* 2x (4 M).
5.–6. Rd: 4 fM häkeln.
Einen Faden zum Nähen lassen.
Die Füße an der Unterseite des Körpers festnähen.

FLÜGEL (2x häkeln)

1. Rd: mit schwarzem Garn 4 fM in einen Fadenring häkeln.
2. Rd: 2 fM in die nächste M, 3 fM (5 M).
3. Rd: 2 fM in die nächste M, 4 fM (6 M).
4. Rd: 2 fM in die nächste M, 5 fM (7 M).

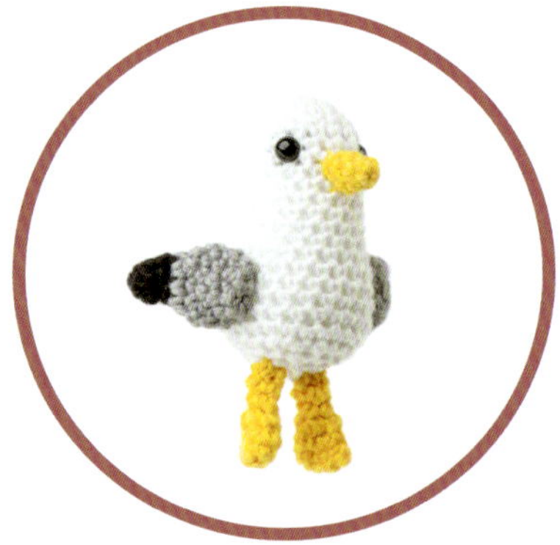

5. Rd: mit grauem Garn arbeiten, 2 fM in die nächste M, 6 fM (8 M).
6. Rd: *2 fM in die nächste M, 3 fM* 2x (10 M).
7. Rd: 2 fM in die nächste M, 9 fM (11 M).
8. Rd: 1 M abn, 9 fM (10 M).
9. Rd: *1 M abn* 5x (5 M).
Abketten und einen Faden zum Nähen lassen.
Die Flügel flach drücken und seitlich am Körper festnähen.

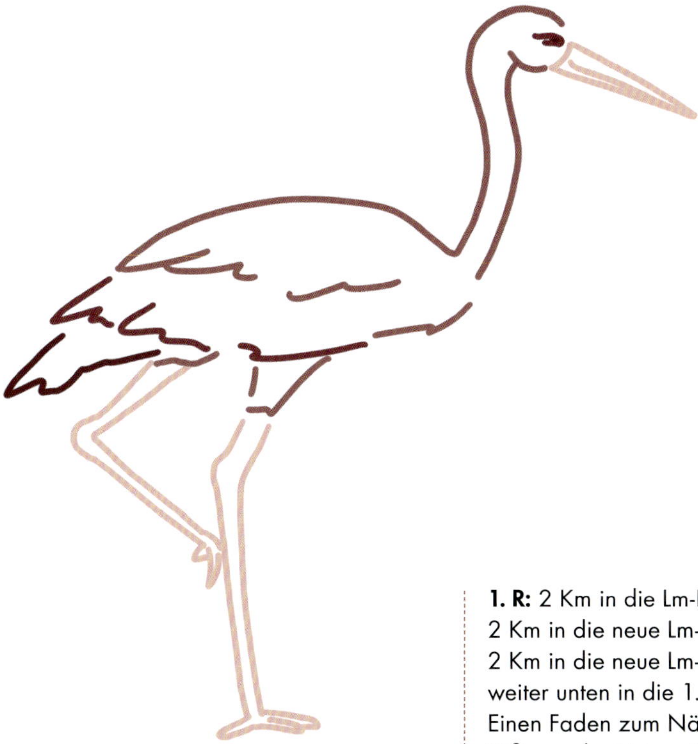

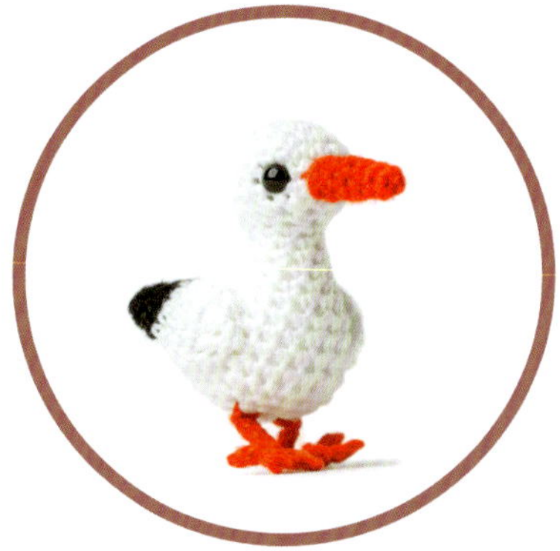

STORCH

KOPF UND KÖRPER

Mit weißem Garn Kopf und Körper in einem Stück gemäß der Anleitung für den Pfau (Seite 20) häkeln.

BEIN (2x häkeln)

Mit rotem Garn 8 Lm anschlagen und in die 2. Lm ab der Nadel einstechen.

1. R: 2 Km in die Lm-Kette, 3 Lm, 2 Km in die neue Lm-Kette, 3 Lm, 2 Km in die neue Lm-Kette, 5 Km weiter unten in die 1. Lm.
Einen Faden zum Nähen lassen. Die Füße an der Unterseite des Körpers festnähen.

SCHNABEL

1. Rd: mit rotem Garn 3 fM in einen Fadenring häkeln.
2. Rd: 2 fM in die nächste M, 2 fM (4 M).
3. Rd: 4 fM häkeln.
4. Rd: 1 fM, 2 fM in die nächste M, 2 fM (5 M).
5.–7. Rd: 5 fM häkeln.
Abketten und einen Faden zum Nähen lassen.
Den Schnabel nicht ausstopfen und zwischen den Augen festnähen.

FLÜGEL (2x häkeln)

1. Rd: mit schwarzem Garn 4 fM in einen Fadenring häkeln.
2. Rd: 2 fM in die nächste M, 3 fM (5 M).
3. Rd: 2 fM in die nächste M, 4 fM (6 M).
4. Rd: 2 fM in die nächste M, 5 fM (7 M).
5. Rd: mit weißem Garn arbeiten, 2 fM in die nächste M, 6 fM (8 M).
6. Rd: *2 fM in die nächste M, 3 fM* 2x (10 M).
7. Rd: 2 fM in die nächste M, 9 fM (11 M).
8. Rd: 1 M abn, 9 fM (10 M).
9. Rd: bis zum Ende der Rd Abnahmen arbeiten.
Abketten und einen Faden zum Nähen lassen.
Die Flügel flach drücken und seitlich am Körper festnähen.

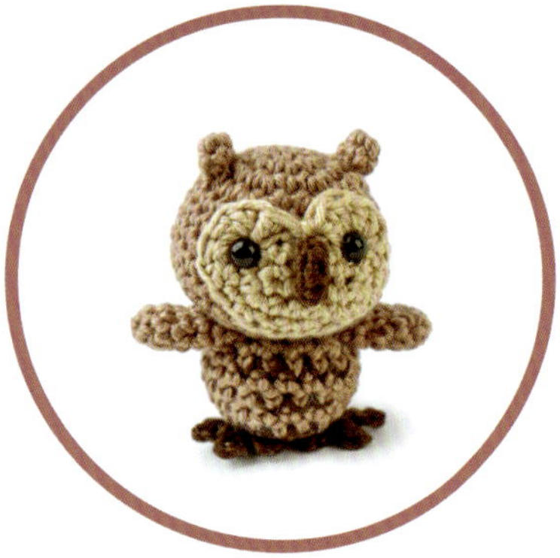

EULE

KÖRPER
Den Körper gemäß der Anleitung für den Kakadu häkeln (Seite 12), dabei braunes Garn verwenden.
Den Körper mit Füllwatte ausstopfen und vorne mit dunkelbraunem Garn über die 4., 6. und 8. Rd drei Zickzack-Reihen aufsticken.

GESICHT
Mit hellbraunem Garn 6 Lm anschlagen und in die 2. Lm ab der Nadel einstechen.
1. Rd: 2 fM in die nächste M, 3 fM, 3 fM in die nächste M, auf der anderen Seite der Lm-Kette weiterarbeiten, 4 fM (12 M).
2. Rd: *je 2 fM in die nächsten 2 M, 4 fM* 2x (16 M).
3. Rd: 3 fM, 1 M überspringen, 5 Stb in die nächste M, 1 M überspringen, 1 Km, 1 M überspringen, 5 Stb in die nächste M, 1 M überspringen, 6 fM, 1 Km (21 M).
Abketten und einen Faden zum Nähen lassen.

KOPF
Den Kopf gemäß der Anleitung für den Kakadu häkeln (Seite 12), dabei braunes Garn verwenden.
Die Augen im Gesicht in der Mitte der M mit den 5 Stb anbringen. Dann die Augen zwischen der 6. und 7. Rd im Abstand von 4 M befestigen.
Das Gesicht am Kopf festnähen und dann den Kopf am Körper befestigen.

SCHNABEL
1. Rd: mit dunkelbraunem Garn 4 fM in einen Fadenring häkeln.
2. Rd: *2 fM in die nächste M, 2 fM* 2x (6 M).
Abketten und einen Faden zum Nähen lassen.
Den Schnabel flach drücken und zwischen den Augen festnähen.

OHR (2x häkeln)
1. Rd: mit braunem Garn 4 fM in einen Fadenring arbeiten.
2. Rd: 2 fM in die nächste M, 3 fM (5 M).
Die Ohren nicht ausstopfen.
Abketten und einen Faden zum Nähen lassen. Die Ohren flach drücken und in der 4. Rd gegenüber voneinander festnähen.

FUSS (2x häkeln)
Mit dunkelbraunem Garn 5 Lm anschlagen und in die 2. Lm ab der Nadel einstechen.
1. R: 2 Km in die Lm-Kette, 3 Lm, 2 Km in die neue Lm-Kette, 3 Lm, 2 Km in die neue Lm-Kette, 2 Km weiter unten in die 1. Lm-Kette.
Einen Faden zum Nähen lassen. Die Füße an der Unterseite des Körpers festnähen.

FLÜGEL (2x häkeln)
1. Rd: mit braunem Garn 6 fM in einen Fadenring arbeiten.
2. Rd: *2 fM in die nächste M, 2 fM* 2x (8 M).
3.–5. Rd: 8 fM häkeln.
Abketten und einen Faden zum Nähen lassen.
Die Flügel an der 1. Rd so am Körper festnähen, dass sie nach unten hängen.

TAUBE

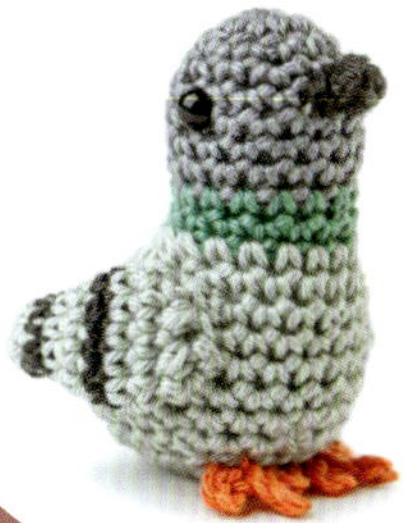

KOPF UND KÖRPER

Kopf und Körper von oben nach unten in einem Stück arbeiten.

1. Rd: mit mittelgrauem Garn 6 fM in einen Fadenring häkeln.
2. Rd: 2 fM in jede M (12 M).
3. Rd: 12 fM häkeln.
4. Rd: *2 fM in die nächste M, 3 fM* 3x (15 M).
5.–8. Rd: 15 fM häkeln (15 M).
9.–10. Rd: mit grünem Garn 15 fM häkeln.
11. Rd: mit hellgrauem Garn arbeiten, 2 fM, *2 fM in die nächste M* 3x, 10 fM (18 M).
12. Rd: 18 fM häkeln.
13. Rd: *2 fM in die nächste M* 4x, 14 fM (22 M).
14. Rd: *2 fM in die nächste M, 1 fM* 4x, 14 fM (26 M).
15.–17. Rd: 26 fM häkeln.
18. Rd: 6 fM, *1 M abn* 2x, 16 fM (24 M).
19. Rd: *1 M abn, 2 fM* 6x (18 M).
Die Augen zwischen der 5. und 6. Rd im Abstand von 5 M befestigen.
20. Rd: *1 M abn, 1 fM* 6x (12 M).
Den Vogel mit Füllwatte ausstopfen.
21. Rd: *1 M abn* 6x (6 M).
Abketten und Garnende vernähen.

SCHNABEL

1. Rd: mit dunkelgrauem Garn 3 fM in einen Fadenring häkeln.
2. Rd: 2 fM in die nächste M, 2 fM (4 M).
Abketten und einen Faden zum Nähen lassen.
Den Schnabel nicht ausstopfen und zwischen den Augen festnähen.

FUSS (2x häkeln)

Mit orangem Garn 4 Lm anschlagen und in die 2. Lm ab der Nadel einstechen.
1. R: 2 Km in die Lm-Kette, 3 Lm, 2 Km in die neue Lm-Kette, 3 Lm, 2 Km in die neue Lm-Kette, 1 Km weiter unten in die 1. Lm-Kette.
Einen Faden zum Nähen lassen.
Die Füße an der Unterseite des Körpers festnähen.

FLÜGEL (2x häkeln)

1. Rd: mit hellgrauem Garn 4 fM in einen Fadenring häkeln.
2. Rd: 2 fM in die nächste M, 3 fM (5 M).
3. Rd: mit schwarzem Garn arbeiten, 2 fM in die nächste M, 4 fM (6 M).
4. Rd: mit hellgrauem Garn arbeiten, 2 fM in die nächste M, 5 fM (7 M).
5. Rd: 2 fM in die nächste M, 6 fM (8 M).
6. Rd: mit schwarzem Garn arbeiten, *2 fM in die nächste M, 3 fM* 2x (10 M).
7. Rd: mit hellgrauem Garn arbeiten, 2 fM in die nächste M, 9 fM (11 M).
8. Rd: 1 M abn, 9 fM (10 M).
9. Rd: *1 M abn* 5x (5 M).
Abketten und einen Faden zum Nähen lassen.
Die Flügel flach drücken und seitlich am Körper festnähen.

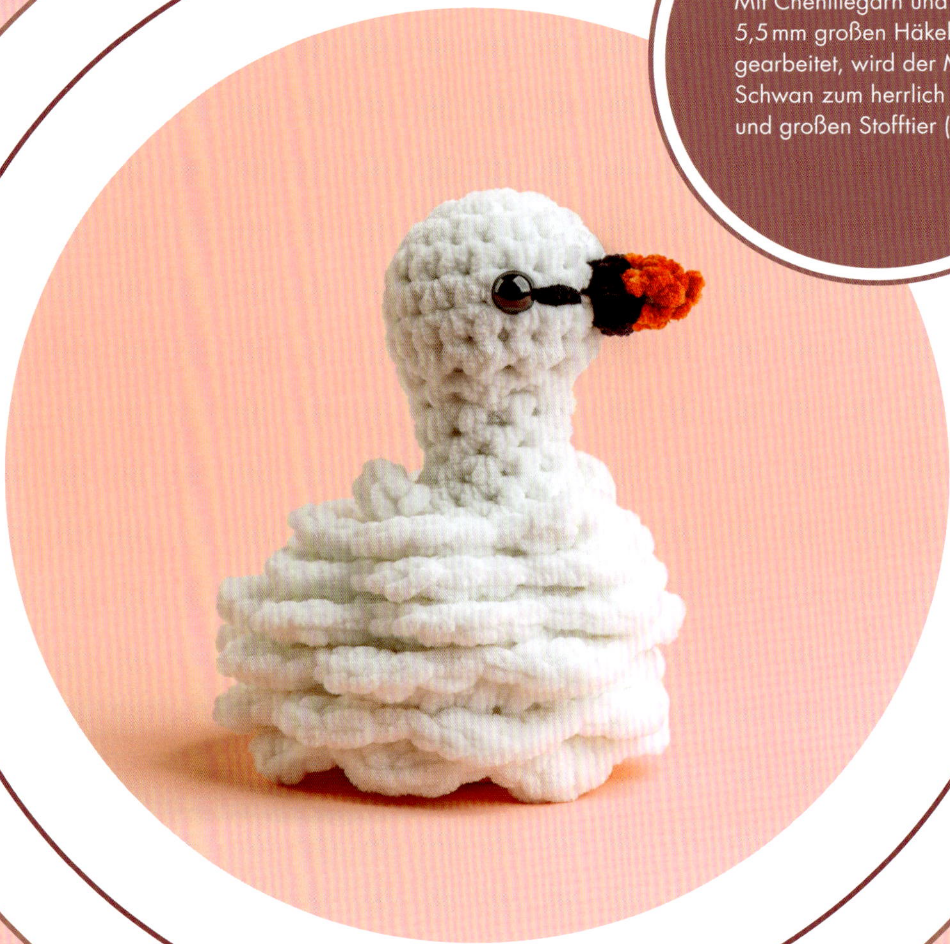

Mit Chenillegarn und einer 5,5 mm großen Häkelnadel gearbeitet, wird der Mini-Schwan zum herrlich weichen und großen Stofftier (16 cm).

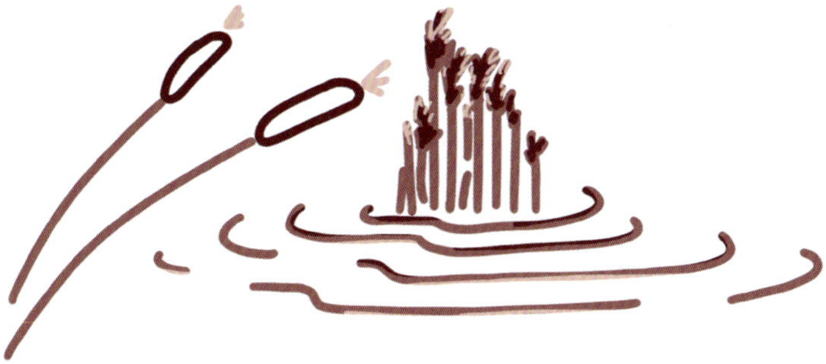

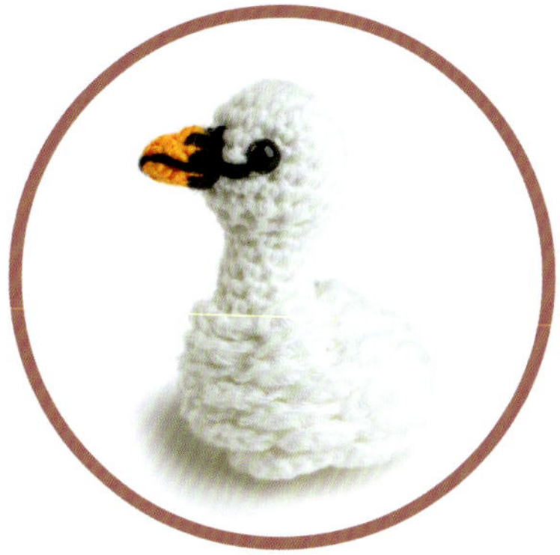

SCHWAN

KOPF UND KÖRPER

Kopf und Körper von oben nach unten in einem Stück arbeiten.
1. Rd: mit weißem Garn 6 fM in einen Fadenring häkeln (6 M)
2. Rd: 2 fM in jede M (12 M)
3. Rd: *2 fM in die nächste M, 1 fM* 5x (18 M).
4.–6. Rd: 18 fM häkeln (18 M).
7. Rd: 3 fM, *1 M abn* 5x, 3 fM (12 M).
Die Augen zwischen der 5. und 6. Rd im Abstand von 5 M befestigen. Die Abnahmen befinden sich auf der Kopfvorderseite und die Augen sollten oberhalb der Abnahmen positioniert sein. Den Maschenmarkierer exakt in der Gesichtsmitte platzieren.
8. Rd: 4 fM, *1 M abn* 2x (eine Abnahme auf jeder Seite des Maschenmarkierers), 4 fM (10 M).
Den Kopf mit Füllwatte ausstopfen.
9.–11. Rd: 10 fM häkeln.
12. Rd: je 2 fM in die nächsten 2 M*, 8 fM (12 M).
13. Rd: je 2 fM in die nächsten 5 M, 6 fM, 2 fM in die nächste M (18 M).
14. Rd: ihM arbeiten, 3 fM, je 2 fM in die nächsten 6 M, 9 fM (24 M).
15. Rd: 24 fM ihM häkeln.
16. Rd: ihM arbeiten, 5 fM, je 2 fM in die nächsten 6 M, 13 fM (30 M).
17.–18. Rd: 30 fM ihM häkeln.
19. Rd: *1 M abn, 3 fM, dabei ihM* 6x (24 M).
20. Rd: *1 M abn, 2 fM, dabei ihM* 6x (18 M).
Den Körper mit Füllwatte ausstopfen.
21. Rd: *1 M abn* 9x (9 M).
Abketten und Garnende vernähen.

GEFIEDER

Das Gefieder wird am Körper in die vorderen M-Glieder der Rd gehäkelt, die in die hinteren M-Glieder gearbeitet wurden.
Mit weißem Garn und 1 Km im 1. vorderen M-Glied am Hals neu anschlingen: *1 M überspringen, 4 hStb in die nächste M, 1 M überspringen, 1 Km* 36x (36 Bögen).
Abketten und Garnende vernähen.

SCHNABEL

1. Rd: mit orangem Garn 3 fM in einen Fadenring häkeln.
2. Rd: 2 fM in die nächste M, 2 fM (4 M).
3. Rd: mit schwarzem Garn arbeiten, 1 fM, 2 fM in die nächste M, 2 fM (5 M).
Abketten und einen Faden zum Nähen lassen.
Den Schnabel nicht ausstopfen und zwischen den Augen festnähen. Das restliche schwarze Garnende dafür verwenden, eine schwarze Linie zwischen Schnabel und Augen und rund um den Schnabel aufzusticken.

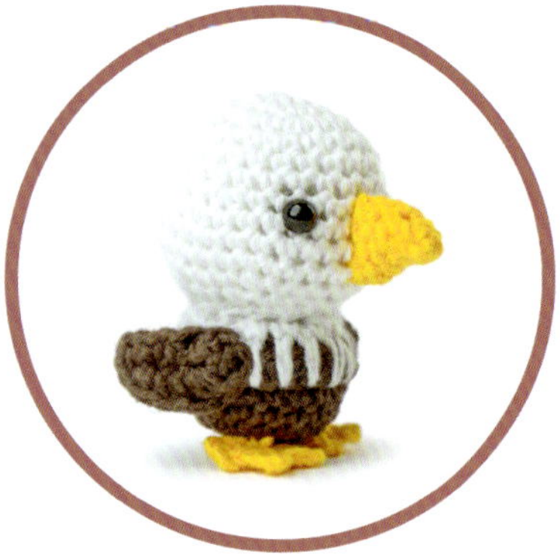

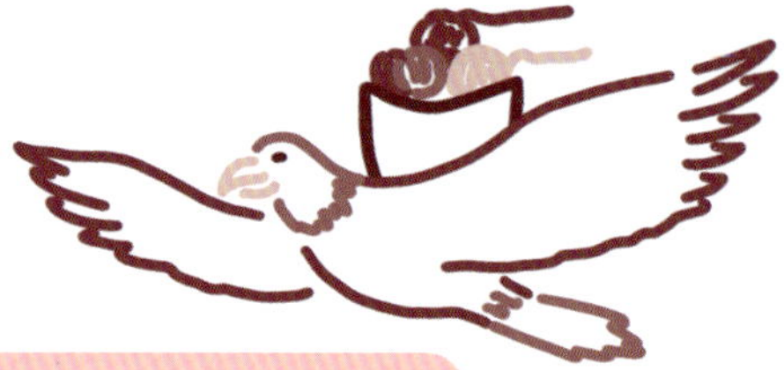

TIPP

Erweiterte fM häkelst du wie folgt:
1. Mache einen Umschlag und stich in die nächste Masche ein. Hole den Faden, sodass du drei Schlingen auf der Nadel hast.
2. Hole den Faden und zieh ihn durch eine dieser Schlingen. Du hast wieder drei Schlingen auf der Nadel.
3. Hole den Faden erneut und zieh ihn durch zwei Schlingen. Nun hast du noch zwei Schlingen auf der Nadel.
4. Hole den Faden noch einmal und zieh ihn durch die letzten beiden Schlingen.

ADLER

KÖRPER
1. Rd: mit braunem Garn 6 fM in einen Fadenring arbeiten.
2. Rd: 2 fM in jede M (12 M).
3. Rd: *2 fM in die nächste M, 1 fM* 6x (18 M).
4.–7. Rd: 18 fM häkeln.
8. Rd: mit weißem Garn 1 erweiterte fM in jede M der 6. Rd häkeln (18 M).
9. Rd: *1 M abn, 1 fM* 6x (12 M).
Den Körper mit Füllwatte ausstopfen. Abketten und einen Faden zum Nähen lassen.

KOPF
Den Kopf gemäß der Anleitung für den Kakadu häkeln (Seite 12), dabei weißes Garn verwenden. Die Augen zwischen der 7. und 8. Rd im Abstand von 5 M befestigen. Den Kopf am Körper festnähen.

SCHNABEL
In jeder Rd an derselben Stelle eine Zunahme arbeiten.
1. Rd: mit gelbem Garn 3 fM in einen Fadenring häkeln.
2. Rd: 2 fM in die nächste M, 2 fM (4 M).
3. Rd: je 2 fM in die nächsten 2 M, 2 fM (6 M).
4. Rd: 1 fM, je 2 fM in die nächsten 2 M, 3 fM (8 M).
Abketten und einen Faden zum Nähen lassen.
Den Schnabel nicht ausstopfen, flach drücken und an der 7. und 8. Rd festnähen.

FUSS (2x häkeln)
1. R: mit gelbem Garn arbeiten, *3 Lm anschlagen und dann in die 2. Lm ab der Nadel einstechen, 2 fM häkeln* 4x. Drei der Zehen in der 1. M neben der mittleren M zusammennähen, abketten und einen Faden zum Nähen lassen.
Die Füße an der Unterseite des Körpers festnähen.

FLÜGEL (2x häkeln)
Mit braunem Garn 6 Lm anschlagen und in die 3. Lm ab der Nadel einstechen.
1. Rd: 1 Stb, 1 hStb, 1 fM, 3 fM in die nächste M, auf der anderen Seite der Lm-Kette weiterarbeiten, 1 fM, 1 hStb, 3 Stb in die nächste M, 1 Km (11).
Abketten und einen Faden zum Nähen lassen.
Die Flügel seitlich am Körper des Adlers festnähen. Die schmalen Enden zeigen dabei nach hinten.

ENTE

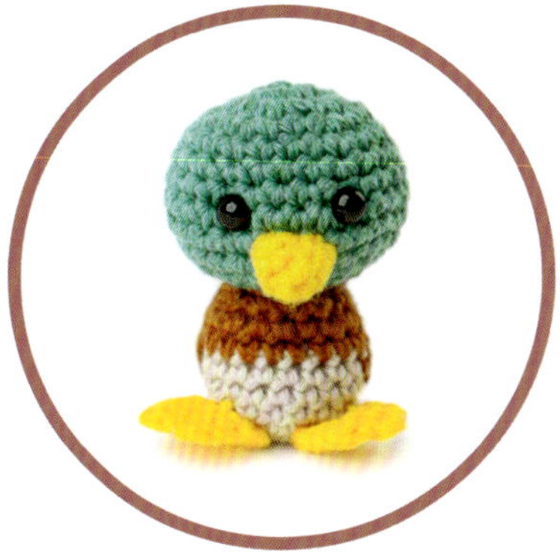

KÖRPER

1. Rd: mit hellbraunem Garn 6 fM in einen Fadenring häkeln.
2. Rd: 2 fM in jede M (12 M).
3. Rd: *2 fM in die nächste M, 1 fM* 6x (18 M).
4.–6. Rd: 18 fM häkeln.
7.–8. Rd: mit braunem Garn arbeiten 18 fM häkeln.
9. Rd: *1 M abn, 1 fM* 6x (12 M).
Mit Füllwatte ausstopfen.
Abketten und einen Faden zum Nähen lassen.

KOPF

Den Kopf gemäß der Anleitung für den Kakadu häkeln (Seite 12), dabei grünes Garn verwenden.
Die Augen zwischen der 7. und 8. Rd im Abstand von 5 M befestigen. Den Kopf am Körper festnähen.

SCHNABEL

1. Rd: mit gelbem Garn 5 fM in einen Fadenring häkeln.
2. Rd: 2 fM in die nächste M, 4 fM (6 M).
3. Rd: 2 fM in die nächste M, 5 fM (7 M).
Den Schnabel nicht ausstopfen.
Einen Faden zum Nähen lassen.
Den Schnabel flach drücken und zwischen der 7. und 8. Rd festnähen.

FUSS (2x häkeln)

1. Rd: mit gelbem Garn 5 fM in einen Fadenring häkeln.
2. Rd: 2 fM in jede M (10 M).
3. Rd: 1 Km, *1 Lm + 1 Stb + 1 Lm + 1 Km in dieselbe M* 3x.
Abketten und einen Faden zum Nähen lassen.
Die Füße vorne am Körper nebeneinander festnähen.

FLEDERMAUS

KÖRPER
Den Körper gemäß der Anleitung für den Kakadu häkeln (Seite 12), dabei braunes Garn verwenden.

KOPF
Den Kopf gemäß der Anleitung für den Kakadu häkeln (Seite 12), dabei braunes Garn verwenden.
Die Augen zwischen der 7. und 8. Rd im Abstand von 5 M befestigen. Mit rosa Garn zwischen der 7. und 8. Rd über 2 M eine Nase aufsticken.
Den Kopf am Körper festnähen.

OHR (2x häkeln)
1. Rd: mit dunkelbraunem Garn 4 fM in einen Fadenring häkeln.
2. Rd: *2 fM in die nächste M, 1 fM* 2x (6 M).
3. Rd: *2 fM in die nächste M, 2 fM* 2x (8 M).
4. Rd: *2 fM in die nächste M, 3 fM* 2x (10 M).
5. Rd: 10 fM häkeln.
6. Rd: *1 M abn, 3 fM* 2x (8 M).
Die Ohren nicht ausstopfen. Abketten und einen Faden zum Nähen lassen.
Die Ohren flach drücken und seitlich am Kopf festnähen.

BEIN (2x häkeln)
1. Rd: mit dunkelbraunem Garn 6 fM in einen Fadenring häkeln.
2.–3. Rd: 6 fM häkeln (6 M).
Die Beine nicht ausstopfen, flach drücken und an der Unterseite des Körpers festnähen.

FLÜGEL (2x häkeln)
Mit beigem Garn 5 Lm anschlagen und in die 2. Lm ab der Nadel einstechen.
1. R: 4 fM häkeln, 1 Lm, wenden (4 M).
2.–10. R: 4 fM ihM häkeln, 1 Lm, wenden (4 M).
Abketten und einen Faden zum Nähen lassen.
Mit dem Garnende jeweils an einer Längsseite Steppstiche durch die M nähen. Das Garn festziehen, um dem Flügel eine Fächerform zu verleihen. Die zusammengezogenen Steppstiche mit ein paar Stichen fixieren. Sie werden in der nächsten R wie eine M behandelt und bilden die Flügelmitte.

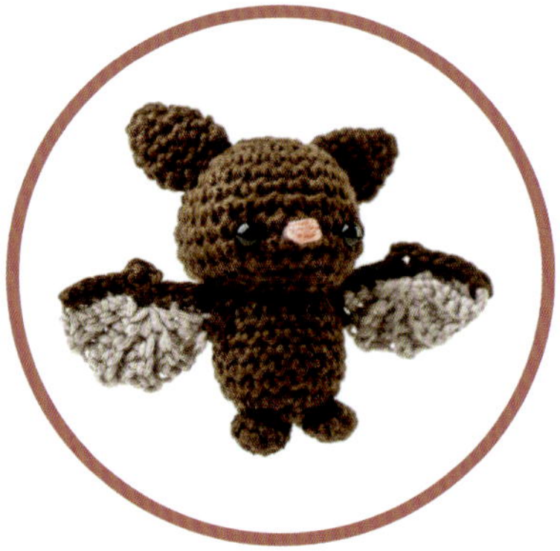

11. R: an einem Fächerende mit dunkelbraunem Garn anschlingen, 4 fM bis zur genähten M häkeln, 1 fM in die genähte M, 3 Lm, 1 fM in die genähte M, 4 fM, 2 Lm, 1 fM in die Eck-M, 1 fM (17 M).
Abketten und einen Faden zum Nähen lassen.
Die 2 letzten fM, die eine Ecke bilden, am Körper festnähen.
Die Flügel auf beiden Seiten am Körper befestigen.

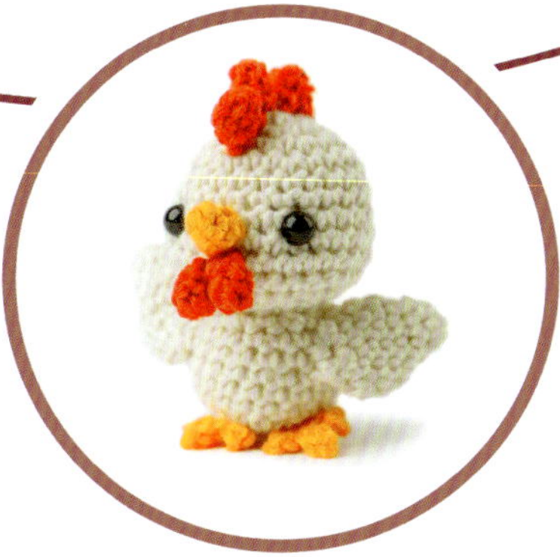

HENNE

KÖRPER
Den Körper gemäß der Anleitung für den Kakadu häkeln (Seite 12), dabei wollweißes Garn verwenden.

KOPF
Den Kopf gemäß der Anleitung für den Kakadu häkeln (Seite 12), dabei wollweißes Garn verwenden.
Die Augen zwischen der 7. und 8. Rd im Abstand von 5 M befestigen.

SCHNABEL
1. Rd: mit orangem Garn 5 fM in einen Fadenring arbeiten.
2. Rd: 2 fM in die nächste M, 4 fM (6 M).
3. Rd: 2 fM in die nächste M, 5 fM (7 M).
Den Schnabel nicht ausstopfen.
Abketten und einen Faden zum Nähen lassen.
Den Schnabel flach drücken und zwischen der 7. und 8. Rd festnähen.

KEHLLAPPEN (2x häkeln)
1. Rd: mit rotem Garn 5 fM in einen Fadenring arbeiten.
2. Rd: 5 fM häkeln.
3. Rd: 1 M abn, 3 fM (4 M).
Abketten und einen Faden zum Nähen lassen.
Die Kehllappen oben zusammennähen und unterhalb des Schnabels befestigen.

KAMM (3x häkeln)
1. Rd: mit rotem Garn 6 fM in einen Fadenring arbeiten.
2.–3. Rd: 6 fM häkeln.
Abketten und einen Faden zum Nähen lassen.
Die drei Kammteile oben am Kopf festnähen.

FUSS (2x häkeln)
Mit orangem Garn 5 Lm anschlagen und in die 2. Lm ab der Nadel einstechen.
1. R: 2 Km in die Lm-Kette, 3 Lm, 2 Km in die neue Lm-Kette, 3 Lm, 2 Km in die neue Lm-Kette, 2 Km weiter unten in die 1. Lm-Kette.
Einen Faden zum Nähen lassen. Die Füße an der Unterseite des Körpers festnähen.

FLÜGEL (2x häkeln)
1. Rd: mit wollweißem Garn 4 fM in einen Fadenring häkeln.
2. Rd: 2 fM in die nächste M, 3 fM (5 M).
3. Rd: 2 fM in die nächste M, 4 fM (6 M).
4. Rd: 2 fM in die nächste M, 5 fM (7 M).
5. Rd: 2 fM in die nächste M, 6 fM (8 M).
6. Rd: *2 fM in die nächste M, 3 fM* 2x (10 M).
7. Rd: 10 fM häkeln.
8. Rd: *1 M abn* 5x (5 M).
Abketten und einen Faden zum Nähen lassen.
Die Flügel flach drücken und seitlich am Körper festnähen.

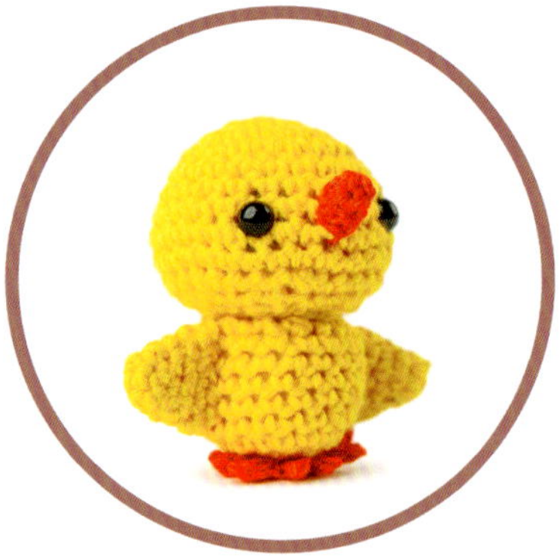

KÜKEN

KÖRPER

Den Körper gemäß der Anleitung für den Kakadu häkeln (Seite 12), dabei gelbes Garn verwenden.

KOPF

Den Kopf gemäß der Anleitung für den Kakadu häkeln (Seite 12), dabei gelbes Garn verwenden.
Die Augen zwischen der 7. und 8. Rd im Abstand von 6 M befestigen.

SCHNABEL

1. Rd: mit rotem Garn 3 fM in einen Fadenring häkeln.
2. Rd: 2 fM in die nächste M, 2 fM (4 M).
3. Rd: *2 fM in die nächste M, 1 fM* 2x (6 M).
Abketten und einen Faden zum Nähen lassen.
Den Schnabel zwischen den Augen festnähen.
Den Kopf am Körper befestigen.

FUSS (2x häkeln)

Mit rotem Garn 5 Lm anschlagen und in die 2. Lm ab der Nadel einstechen.
1. R: 2 Km in die Lm-Kette, 3 Lm, 2 Km in die neue Lm-Kette, 3 Lm, 2 Km in die neue Lm-Kette, 2 Km weiter unten in die 1. Lm-Kette.
Einen Faden zum Nähen lassen.
Die Füße an der Unterseite des Körpers festnähen.

FLÜGEL (2x häkeln)

1. Rd: mit gelbem Garn 4 fM in einen Fadenring häkeln.
2. Rd: 2 fM in die nächste M, 3 fM (5 M).
3. Rd: 2 fM in die nächste M, 4 fM (6 M).
4. Rd: *2 fM in die nächste M, 2 fM* 2x (8 M).
5. Rd: *2 fM in die nächste M, 3 fM* 2x (10 M).
Abketten und einen Faden zum Nähen lassen.
Die Flügel flach drücken und seitlich am Körper festnähen.

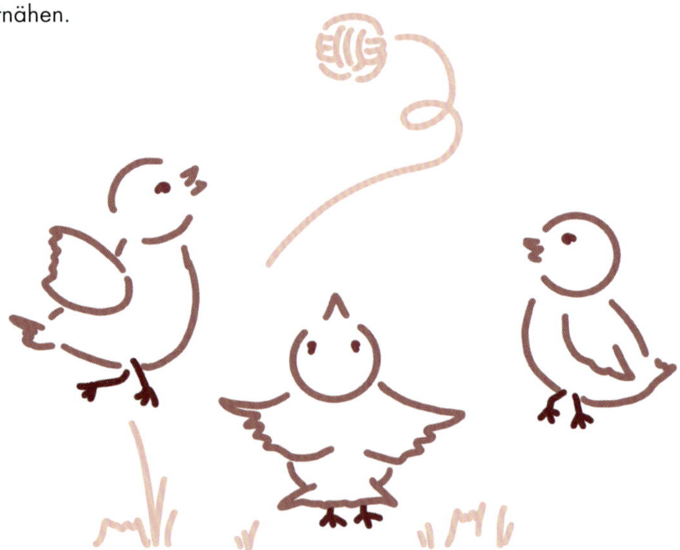

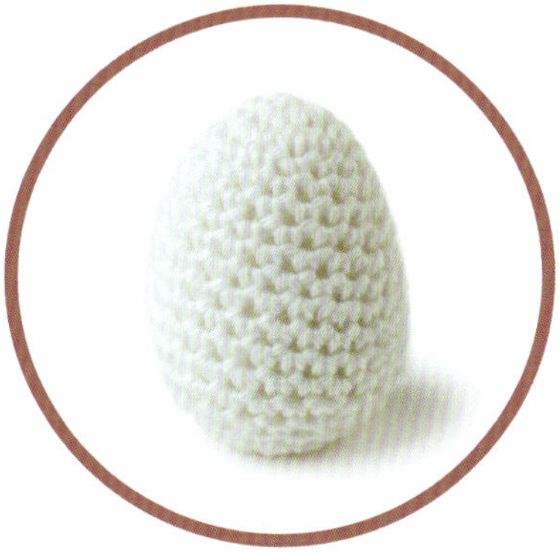

EI

1. Rd: mit weißem Garn 6 fM in einen Fadenring häkeln.
2. Rd: 2 fM in jede M (12 M).
3. Rd : 2 fM in die nächste M, 5 fM* 2x (14 M).
4. Rd: *2 fM in die nächste M, 6 fM* 2x (16 M).
5. Rd: *2 fM in die nächste M, 7 fM* 2x (18 M).
6. Rd: 18 fM häkeln.
7. Rd: *2 fM in die nächste M, 8 fM* 2x (20 M).
8. Rd: *2 fM in die nächste M, 9 fM* 2x (22 M).
8. Rd: 22 fM häkeln.
10. Rd: *2 fM in die nächste M, 10 fM* 2x (24 M).
11.–14 Rd: 24 fM häkeln.
15. Rd: *1 M abn, 2 fM* 6x (18 M).
16. Rd: 18 fM häkeln.
17. Rd: *1 M abn, 1 fM* 6x (12 M).
Mit Füllwatte ausstopfen.
18. Rd: *1 M abn* 6x (6 M).
Abketten und Garnende vernähen.

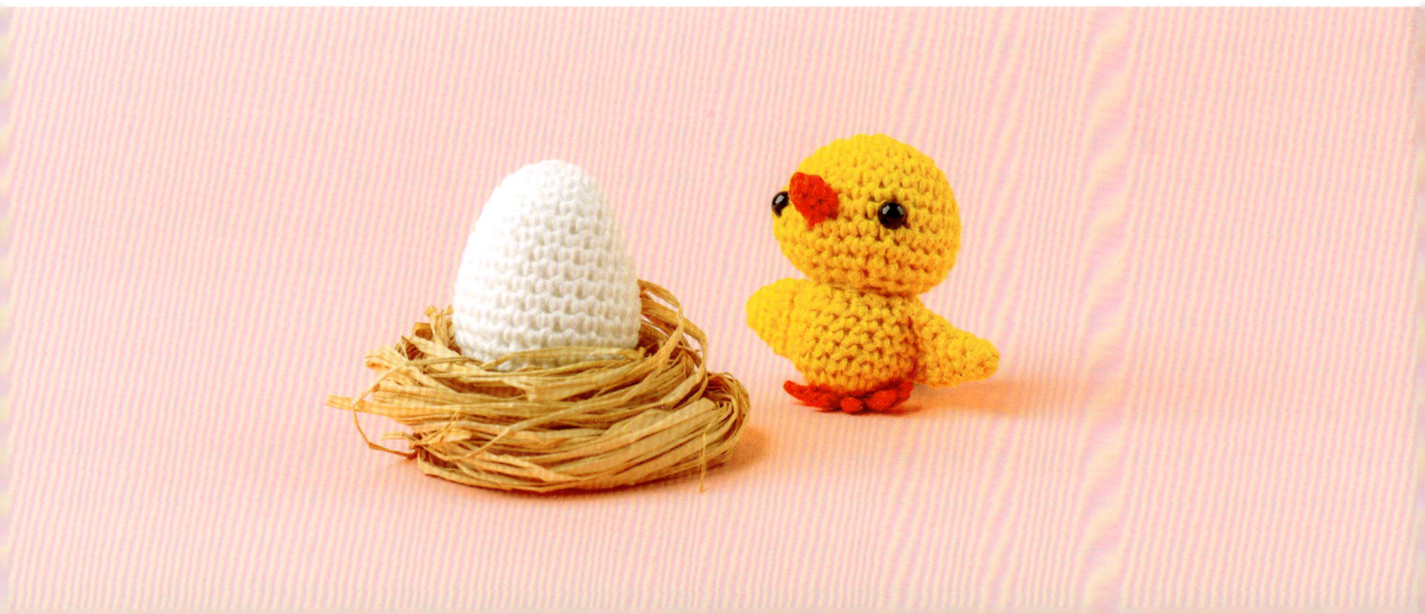

Bibliografische Information der Deutschen Bibliothek.

Die Deutsche Bibliothek verzeichnet diese Publikation in der Deutschen Nationalbibliografie.
Detaillierte bibliografische Daten sind im Internet über http://www.dnb.de/ abrufbar.

EIN BUCH DER EDITION MICHAEL FISCHER

3. Auflage 2025

Titel der Originalausgabe: **Mini Amigurumi Birds**

Aus dem Englischen übertragen von Verena Thiard-Laforet

Cover: Emilia Nedwidek
Layout und Satz: Emilia Nedwidek
Illustrationen: Emilia Nedwidek
Produktmanagement und Lektorat: Isabella Krüger, Lisa Helmus und Judith Wiedemann
Fotografie: © Mark Davison/Search Press Studios

ISBN 978-3-7459-1342-2

Gedruckt bei C&C Offset Printing Co., LTD., 14/F, C&C Building, 36 Ting Lai Road, Tai Po, N. T. Hong Kong, China

www.emf-verlag.de